Das Kraichgau Kochbuch
– Melanchthon zwischen Spargel und Spätzle –
Waltraud König und Renate Hörner

ISBN 978-3-86037-400-9

2. Auflage, überarbeitet

Herausgeber:
©2009 Edition Limosa, Agrimedia GmbH
Lüchower Str. 13a, 29459 Clenze
Telefon (0 58 44) 97 11 63-0
Telefax (0 58 44) 97 11 63-9
mail@limosa.de, www.limosa.de

Redaktion:
Waltraud König, Renate Hörner

Lektorat:
Doreen Rinke

Satz und Layout:
Zdenko Baticeli, Jana Mengel

Unter Mitarbeit von:
Lena Hermann, Britta Arndt

Gedruckt in Deutschland

Waltraud König und Renate Hörner

DAS KRAICHGAU KOCHBUCH

Melanchthon zwischen Spargel und Spätzle

Quelle: Wanderkarte des Kraichgau-Stromberg Tourismus e.V.

Die Autorinnen

Aufgewachsen in Ruit, einem kleinen Dorf im Kraichgau (heute Stadtteil von Bretten), lernten beide früh die Arbeit und das Leben auf dem Lande kennen. Schon als Kinder wurden sie im Haushalt eingebunden und konnten sich beim Kochen gewisse Kenntnisse aneignen. Mit der Zeit geübter, entdeckten sie ihre Liebe zum Kochen und Experimentieren. Doch mehr und mehr lernten beide die traditionelle Küche ihrer Region zu schätzen.

Lange Jahre waren sie maßgebend in der Landfrauenarbeit ihres Vereins ehrenamtlich tätig. Durch ihre vielfältigen Aktivitäten und ihre Interessen sowie ihre berufliche Tätigkeiten konnten sie zahlreiche Kontakte nutzen und in dieses Buch einbringen.

Waltraud König hat zwei Kinder und zwei Enkelkinder. Kaufmännisch ausgebildet managte sie das Goldschmiedeatelier ihres Ehemannes. In ihrer Freizeit entspannt sie sich bei ihren Hobbys: der Malerei und dem Fotografieren. Sie übernahm den Part für die Rezepte und die Fotografien in diesem Buch.

Renate Hörner, als Beamtin in der Kreisverwaltung tätig, ist verheiratet und hat zwei Kinder. Sie war 15 Jahre Vorsitzende des örtlichen Landfrauenvereins, liebt Handarbeiten und liest mit Vorliebe geschichtliche Bücher und Biografien. Aus ihrer Feder stammen die Geschichten dieses Buches.

Enzbrunnen im Ruiter Tal

Zu diesem Buch

Regionale Kochbücher findet man sicher überall. Uns war es jedoch wichtig, auch einen Bezug zu unserer Landschaft und unserer Geschichte herzustellen. So haben wir versucht, die bekanntesten Persönlichkeiten und Begebenheiten aus dem Kraichgau den Lesern dieses Kochbuchs näher zu bringen.

Da der Kraichgau auch zu einem Teil im »Schwabenland« liegt und das unmittelbar angrenzende schwäbische Stromberggebiet in einem Atemzug mit dem Kraichgau genannt werden kann, ist unsere Küche auch schwäbisch beeinflusst. So denken wir zum Beispiel an die »Spätzle« oder die klassischen »Maultaschen«.

Wir haben die bei uns üblichen alten, aber auch modernen Rezepte aus der Region für Sie zusammengetragen. Selbstverständlich finden Sie auch Gerichte, die in jüngster Zeit durch ausländische Einflüsse zu uns kamen und heute besonders in den jüngeren Haushalten sehr gerne gekocht und gegessen werden. Vor einigen Jahren haben die Ruiter Landfrauen ortstypische und traditionelle Rezepte gesammelt und aufgeschrieben. Auf diese Rezeptesammlung konnten wir ebenfalls zurückgreifen.

Da auf unseren Feldern und Gärten alles, außer exotischem Gemüse gedeiht, bestimmte früher die Jahreszeit was man auf den Tisch brachte. Das hat sich heute durch die ganzjährige Verfügbarkeit der Nahrungsmittel natürlich geändert. Wir empfehlen jedoch, auf saisonale und regionale Erzeugnisse zurückzugreifen. Nach dem Motto »man ist, was man isst« verwenden wir bei unseren Gerichten bewusst alle Zutaten so naturbelassen wie möglich. Die Rezepte dürften Ihnen leicht gelingen und sind, wenn nichts anderes angegeben ist, für vier Personen ausgelegt.

Im Anhang sind diese Rezepte alphabetisch aufgelistet. Sie finden dort auch Erläuterungen zu Fachbegriffen sowie zu Maßen und Gewichten. Im letzten Abschnitt dieses Buches präsentieren sich zusätzlich gastronomische und gewerbliche Betriebe aus unserer Region.

Viel Spaß beim Nachkochen und gutes Gelingen
wünschen Ihnen

Waltraud König und Renate Hörner

Gänseliesel im Schlosspark Gemmingen

Das Wichtige vorweg …

Ein herzliches Dankeschön...

... unseren Familien, die in den letzten Monaten viel Verständnis und Geduld für uns aufbringen mussten.

... den Ruiter Landfrauen, die uns ihre Rezepte zur Verfügung gestellt haben.

... all jenen, die uns mit ihren Rezepten und Ideen bei der Erstellung des Buches unterstützt haben.

... allen, die auf unsere Fragen geantwortet, einen schriftlichen Beitrag oder Fotos zur Verfügung gestellt und uns moralisch unterstützt haben.

... besonderen Dank unserer Lektorin, Doreen Rinke, Herrn Baticeli (Gestaltung) und Herrn Dr. Erling (Geschäftsführung des Verlags)

Für weitere Unterstützung bedanken wir uns bei:

- Thomas Imhof, Hans-Martin Flinspach, Dr. Thierer, Jens Schmidtgen, Wolfgang Wagner, Sigrid Hagenstein und Anja Scheer vom Landratsamt Karlsruhe
- OB Paul Metzger, Bretten
- BM Thomas Nowitzki, Oberderdingen
- BM Wolfgang Bratzel, Zaisenhausen
- BM Karlheinz Hauser, Kürnbach
- den Gemeindearchiven Oberderdingen, Weingarten und Kraichtal
- Edmund Jeck vom Stadtarchiv Bretten
- Elke Dörlich, Gemeinde Kürnbach
- Andreas Engelsberger, Gemeinde Gondelsheim
- Herrn Stadtmüller, Gemeinde Östringen
- Hans-Joachim Reiber vom Melanchthonverein Bretten
- Bernd Röcker, Eppingen – Heimatverein Kraichgau
- Jana Kolodzie vom Kraichgau Stromberg Tourismus e. V.
- Georg Nowak-Hertweck von den Karlsruher Verkehrsbetrieben
- Firma Harsch, Bretten
- Weingut Kneller, Zeutern
- Liesel Jaggy, Ursula Thürer-Hartmann und Familie Hochwald, Knittlingen
- Christl Dünhölter, Maulbronn

Schloss Gondelsheim im Schnee

- Franz Csiky, Wolf-Dieter Fichtner, Michael Fritz, Ramona Jung, Heinz Märtin, Gudrun Martin
- Lilo Stockem, Werner Vollmer, Walfriede und Nicole Wolf, Bretten
- Waltraud Hörner, Gondelsheim
- Christa und Bettina Fichtner, Anita Gretz und Siggi Zier, Doris und Dieter Wolff, Ruit
- Irma Frick und Romy Schäfer, Ölbronn
- Irmgard und Helmut Fuchs und Lizzi Schneider, Neulingen-Bauschlott
- Tamara und Marlene Oßfeld und Peter Weickgenannt mit der Gruppe Tandaradei, Kraichtal
- Werner Fitterling vom Restaurant Ölmühle Oberderdingen
- Erika Klein, Büchenau und Günter Kolb, Heidelsheim
- Theresia Parsch, Walzbachtal
- Hans-Jörg Wagner, Bad Langenbrücken
- Margrit Bratzel, Zaisenhausen

Rathaus in Gemmingen

Geschichten und Erzählungen

Sonnenblumen im Kraichgau

Inhaltsverzeichnis

Alte Hütte in Bauschlott

Der Kraichgau – Land der tausend Hügel, hundert Burgen und Schlösser

Der Kraichgau ist eine typische Gäulandschaft, das heißt, es gibt wenig Wald, jedoch unzählige sanfte Hügel und Felder. Dieses »Kraichgauer Hügelland« ist geprägt durch fruchtbaren Lössboden, weite Ackerflächen, Streuobstwiesen und Weinbau. Bedingt durch das milde Klima hat es selbst Goethe anerkennend »die Badische Toscana« genannt. Seit frühester Zeit bis in die Gegenwart ist diese Landschaft ein blühender Garten, ein Land, in dem sprichwörtlich Milch und Honig fließen.

Das Gebiet lässt sich geographisch zwischen Rhein und Neckar, dem Schwarzwald und Odenwald grob eingrenzen. Die größten Orte sind Bruchsal, Bretten, Eppingen, Sinsheim, Bad Rappenau, Wiesloch und Bad Schönborn. Der Kraichgau verteilt sich auf die Landkreise Karlsruhe, den Rhein-Neckar-Kreis Heidelberg, den Landkreis Heilbronn sowie am Rande den Enzkreis Pforzheim.

Den Namen verdankt der Kraichgau dem Kraichbach. Dieser beginnt seinen Lauf am Stromberg bei Sternenfels, fließt quer durch die Hügellandschaft, tritt bei Ubstadt in die Rheinebene und mündet bei Hockenheim in den Rhein.

Die Besiedelungsgeschichte kann man, durch Funde belegt, über mehrere Jahrtausende zurückverfolgen. Dass die Region bereits zu Urzeiten bewohnt war, beweist der Fund eines Unterkiefers des »Homo erectus heidelbergensis« in Mauer bei Heidelberg. Dieser Fund konnte auf 600 000 Jahre datiert

Römisches Gräberfeld in Stettfeld

werden. Von besonderer Bedeutung ist die jungsteinzeitliche »Michelsberger Kultur«, benannt nach dem Fundort bei Bruchsal (etwa 4000 v.Chr.). Spuren keltischer Besiedlung (etwa 700 v.Chr.) hinterließen unsere frühen Vorfahren durch Hügelgräber, Schmuck und Gebrauchsgegenstände. Danach siedelten die Alamannen, deren Nachfahren heute im südlichen Schwarzwald leben, und die Franken in unserem Gebiet. Um das Jahr 70 n.Chr. besetzten die Römer unseren Raum. Das Römermuseum in Stettfeld bezeugt die dichte römische Besiedlung, die circa 200 Jahre andauerte. Als nach dem Dreißigjährigen Krieg die Bevölkerung um mehr als die Hälfte dezimiert war, warb man Siedler für unsere Region an. Etwa 25 Prozent dieser Siedler kamen aus der Schweiz. So ist die Einwohnerschaft im Kraichgau bis heute ein multikulturelles Gemeinwesen.

Im Mittelalter schmückten die Kuppen der Kraichgauhügel unzählige Burgen der Edelleute und Kraichgaugrafen. Im Kraichgau, einem klassischen Adelsland, hatten fast alle Ortschaften eigene adlige Ortsherren, die in festen Häusern, Burgen oder auch in Schlössern wohnten. Der Adel und die Ritterschaft prägten das Leben, die territoriale Entwicklung sowie die geistige und religiöse Entfaltung entscheidend. Zwar wurden die Herrschaften von weltlichen und kirchlichen Fürsten beeinflusst, konnten jedoch Jahrhunderte lang ihre Unabhängigkeit – unter kaiserlichem Schutz – weitgehend bewahren. Diese Tradition bildete den Grundstein für den heute noch bestehenden Föderalismus.

Wasserschlossruine in Menzingen

Köche beim Festumzug

Der »Flickenteppich« der zahlreichen Adelsfamilien wurde zu Beginn des 19. Jahrhunderts durch die »Flurbereinigung« Napoleons beseitigt und die Ländereien dem neu geschaffenen Großherzogtum Baden und dem Königreich Württemberg zugeordnet. Nach dem Ende der Monarchie gehörte der Kraichgau den selbständigen Ländern Baden und Württemberg, heute dem Bundesland Baden-Württemberg an.

Durch den Bauernkrieg um 1525, den Dreißigjährigen Krieg und den Pfälzischen Erbfolgekrieg (1688 bis 1697) hatten die Bewohner sehr zu leiden, alle Städte wurden niedergebrannt, und es blieb von vielen Burgen kaum ein Stein auf dem anderen. Trotzdem findet man auf zahlreichen Kuppen noch Reste von Burganlagen, von denen meist nur noch die Türme bis weit ins Land sichtbar sind. Von dort oben bietet sich dem Besucher ein herrlicher Ausblick in die liebliche, sanfte Hügellandschaft. Die höchste Erhebung ist ein Basaltkegel vulkanischen Ursprungs, der Steinsberg bei Sinsheim-Weiler mit 333 Metern, den man auch den »Kompass des Kraichgaus« nennt. Ihn schmückt eine gewaltige, restaurierte Burganlage aus der Stauferzeit, die wohl der bedeutendste Grafensitz im Kraichgau war.

Schloss in Eichtersheim

Schlossfenster in Bauschlott

Jedoch nicht nur Burgen und Schlösser, sondern auch die vielen charakteristischen Kraichgauhohlen prägten Jahrhunderte lang unsere Landschaft. Diese Hohlwege haben sich durch ihre Benutzung und durch abfließendes Oberflächenwasser immer tiefer in den Lössboden eingegraben. So hat es zum Beispiel die »Galgenhohle« bei Oberöwisheim auf eine Tiefe bis zu 12 Metern und eine Länge von 600 Metern gebracht. In früheren kriegerischen Zeiten boten sie den Menschen auch Schutz, da sie meist durch Gebüsch oder Wald gut getarnt und versteckt waren. Hohlwege sind Lebensräume, in denen sich eine Vielzahl von Pflanzen und Tieren angesiedelt haben, die sich hier ungestört entfalten können. Hohlwege sind deshalb heute besonders geschützt und von der Naturschutzverwaltung mit den Gemeinden vor dem Verfall gerettet worden. Leider wurden auch viele Hohlen als störend empfunden und zugeschüttet, als Müllhalden missbraucht oder fielen der Flurneuordnung zum Opfer.

Galgenhohle bei Oberöwisheim

Osterbrunnen in Eppingen

Eine weitere Besonderheit des Kraichgaus sind seine Streuobstwiesen, die oftmals bestimmte Landstriche charakterisieren. So war es früher selbstverständlich, dass im Herbst viel Obst in Gläser eingeweckt wurde, das in unserer heimischen Küche als Beilagen, Kompott oder Desserts, auch für Kuchen, Verwendung fanden. Das Fallobst wurde gekeltert und entweder sofort als Süßmost in Flaschen abgefüllt und sterilisiert oder in Fässern im Keller gelagert, vergoren und später als Most zu den Mahlzeiten getrunken. Der Most war eben der »Wein des kleinen Mannes«. Gab es viel Obst, wurde vielerorts Schnaps gebrannt, der gerne auch als »Verdauerle« nach einem guten Essen getrunken oder sogar bei Verletzungen zur Desinfektion und, zum Beispiel auch als Schnapswickel, medizinisch zum Einsatz kam.

Der fruchtbare Boden im Kraichgau, auf dem Getreide, Kartoffeln, Zuckerrüben, Obst, Gemüse und Wein angebaut werden, sorgt natürlich auch für die Gerichte auf unserem Tisch. Durch den Anbau von Weizen und Braugerste konnten sich hier viele kleine Privatbrauereien entwickeln, die jedoch im Laufe der Zeit den wenigen größeren Brauereien weichen mussten. Am Rande des Kraichgaus, in der Gegend um Bruchsal, vor allem aber in der Rheinebene kultiviert man insbesondere Spargel und Erdbeeren. Diese werden in der Großmarkthalle in Bruchsal, dem größten Umschlagsplatz für Spargel in Deutschland, vermarktet und spielen in unserer heimischen Küche ebenfalls eine herausragende Rolle. In der Spargel-Erntezeit von April bis Juni (Johanni) bekommt man dieses edle Gemüse absolut frisch vom Erzeuger. Es ist sogar möglich, Spargel direkt vom Acker zu erwerben, was viele Ausflügler und Durchreisende gerne nutzen.

Ältestes Haus in Gondelsheim

Der Tabakanbau war auch ein wichtiger Zweig in der Landwirtschaft. Bis in die Nachkriegsjahre hinein wurde diese Kultur angebaut und erbrachte auch den in der Zigarrenindustrie tätigen Frauen einen bescheidenen Verdienst. So gab es zum Beispiel im Bruchsaler Raum mehrere Tabakfabriken. Heute ist der Tabakanbau durch den Preisverfall, bessere Verdienstmöglichkeiten in der Industrie und den Wegfall der Subventionen in den Hintergrund getreten.

Ebenso rückläufig ist der Anbau von Zuckerrüben. Lange Jahre wurden ganze Züge mit Zuckerrüben beladen und fuhren durch den Kraichgau hin zu den Zuckerfabriken nach Waghäusel und Heilbronn. Vor einiger Zeit haben diese Fabriken ihren Betrieb eingestellt. Die Zuckerrüben werden heute per Lkw nach Offenau bei Heilbronn verfrachtet.

Der Weinbau blieb bis in die heutige Zeit erhalten. Eingeführt von den Römern in frühchristlicher Zeit gediehen die Reben an den sonnigen Hängen der Kraichgauhügel. Bis zum Dreißigjährigen Krieg waren weite Teile des Kraichgaus ein zusammenhängendes Rebland. Plündernde Horden zerstörten ganze Weinberge. Später taten die Reblaus und neue Rebkrankheiten ihr Übriges. Erst im letzten Jahrhundert blühte der Weinbau wieder auf. Man findet hier im Badischen überwiegend Weißweine wie Müller-Thurgau, Riesling, Weißburgunder und Ruländer (Grauburgunder). Nur ein kleiner Teil besteht aus Rotweinen, während im schwäbischen Teil des Kraichgaus und in der Nachbarregion die Rotweine wie Schwarzriesling, Trollinger und Lemberger überwiegen. Die Qualität unserer Weine braucht keine Konkurrenz zu fürchten. Dass einige Winzer Spitzenprodukte auf den Markt bringen, beweisen die Auszeichnungen bei Weinprämierungen. Dem guten Wein unserer Region trägt die »Weinstraße Kraichgau-Stromberg« Rechnung, die für Weinfreunde eingerichtet wurde. Sie verbindet alle Weinanbaugebiete unserer Region und gehört zusammen mit der Haupt- und ihren Nebenstrecken von 355 Gesamtkilometern zu den längsten Weinstraßen in Deutschland.

Oberbürgermeister Paul Metzger mit Weinkönigin Andrea

Wasserschloss in Kürnbach

Mit Beginn der Industrialisierung, vermehrt aber nach Ende des zweiten Weltkrieges, entstanden im Kraichgau mehr und mehr Industriebetriebe der verschiedensten Art. Besonders hervorzuheben ist die Fabrikation von Küchenherden, der Werkzeug-Maschinen- und Apparatebau, die Elektrotechnik, Edelstahlerzeugnisse und Medizintechnik. Durch die Entstehung vieler Arbeitsplätze veränderten sich bald die Gesichter der Dörfer und die Lebensgrundlagen ihrer Bewohner. So gibt es heute nur noch wenige Vollerwerbslandwirte. Die meisten Klein- und Nebenerwerbslandwirte haben ihre unrentablen Betriebe aufgegeben, ihre Äcker an die Großbauern verpachtet und bestellen allenfalls noch einige Grundstücke für den Eigenbedarf.

Wirtschaftsgebäude des Wasserschlosses in Kürnbach

Inzwischen hat man sich auf die noch erhaltenen Naturschönheiten des Kraichgaus besonnen und es entstanden Naherholungsgebiete und Freizeiteinrichtungen mit einer hervorragenden Gastronomie und Infrastruktur für Aktivitäten aller Art.

Da der Kraichgau im Osten in das schwäbische Unterland und im Westen in die Rheinebene übergeht, sind Land und Leute sowie ihre Bräuche, die Sprache und die Küche dadurch sichtlich beeinflusst. Der Kraichgau nimmt sich von allen seinen Nachbarn das Beste: die klassischen Spätzle, die Maultaschen und die Schupfnudeln aus dem Schwabenland, den Spargel aus der Rheinebene, das Wild aus dem Schwarzwald und dem Odenwald und den Wein aus dem Neckargebiet und der Bergstraße. Zudem wird die »badische Küche« traditionell durch das nahe gelegene Elsass, mit seinem französischen Einfluss, bereichert.

Blick auf die Ravensburg in Sulzfeld

Pferdegespann im Ruiter Tal

Allerlei-Salat

1 Kopf Salat	waschen, Blätter zerteilen,
1 Salatgurke	ungeschält in dünne Scheiben schneiden,
250 g Tomaten	achteln,
150 g frische Champignons (oder 1 Dose)	in Scheiben schneiden,
1 Dose Mandarinen	Saft abgießen.
250 g gegrilltes Hähnchenfleisch	von den Knochen lösen und in gleichmäßige Stücke schneiden.
	Alle Zutaten in einer Schüssel vermischen.

Marinade

200 g Joghurt	
2 EL Mayonnaise	
2 EL Zitronensaft	cremig schlagen,
1 TL Senf	
1 TL Salz	
Pfeffer (weiß)	
½ TL Paprika (edelsüß)	
½ TL Zucker	unterrühren, etwas
Ingwerwurzel	in kleine Würfelchen schneiden und untermischen. Die Marinade über den Salat gießen, locker vermischen.
2 EL Kresse	überstreuen.

Altes Rathaus in Sinsheim

Chicoréesalat

500 g Chicorée	putzen, am unteren Ende konisch ausschneiden, die Kolben 30 Minuten in lauwarmes Wasser stellen, damit sich die Bitterstoffe verlieren. Die Kolben längs halbieren, in breite Streifen schneiden, in eine Salatschüssel geben.
2 Tomaten	enthäuten, in Würfel schneiden,
200 g Emmentaler	in kleine Würfel schneiden,
4 Eier (hart gekocht)	achteln, alle Zutaten über den Salat geben.

Marinade

2 Eigelb (von hart gekochten Eiern)	zerdrücken,
1 Zwiebel	sehr fein würfeln,
1 Knoblauchzehe	pressen,
1 EL Kerbel (gehackt)	mit den übrigen Zutaten in eine Rührschüssel geben, und mit
1 EL Balsamico-Essig (weiß)	
2 EL Tafelessig	
3 EL Olivenöl	
½ TL Salz	
½ TL Senf	
1 Prise Pfeffer	
¼ TL Zucker	schaumig rühren.
150 ml Sahne	steif schlagen und unter die Soße heben. Die Marinade mit den Salatzutaten vermischen und sofort servieren.

Das Eiweiß der gekochten Eier können Sie klein gewürfelt über den Salat geben.

Baumann'sches Haus in Eppingen

Karottensalat

750 g Karotten	
2 Äpfel	putzen und schälen und auf der feinen Raffel reiben.

Marinade

Saft aus einer Zitrone	
1 TL Senf	
1 Prise Zucker	
½ TL Salz	
3 EL Öl	
1 Tasse Gemüsebrühe	gut verrühren und mit den Salatzutaten vermischen.
½ Bund Petersilie	fein hacken und überstreuen.

Alternativ können Sie zusätzlich zwei Esslöffel Crème fraîche in die Marinade geben.

Faustmuseum mit Marktstraße in Knittlingen

Ausschnitt vom Siegfriedsbrunnen in Odenheim

Kartoffelsalat

1 kg Kartoffeln (fest kochend)	nicht zu weich kochen, noch heiß schälen und in dünne Scheiben schneiden.

Marinade

1 kleine Zwiebel	würfeln,
1 Knoblauchzehe	klein schneiden,
1 geh. EL Suppengewürz	
4 EL Tafelessig	
1 geh. TL Feinwürze	
¼ TL Salz	
Pfeffer (weiß)	
1 Prise Muskat	alle Zutaten mit etwa
150 ml Fleischbrühe (heiß)	verrühren und über die Kartoffeln geben. Vorsichtig unterheben, circa ½ Stunde zugedeckt ziehen lassen,
6 EL Öl	untermischen.

Immer gleich große, jedoch möglichst kleine Salatkartoffeln verwenden.

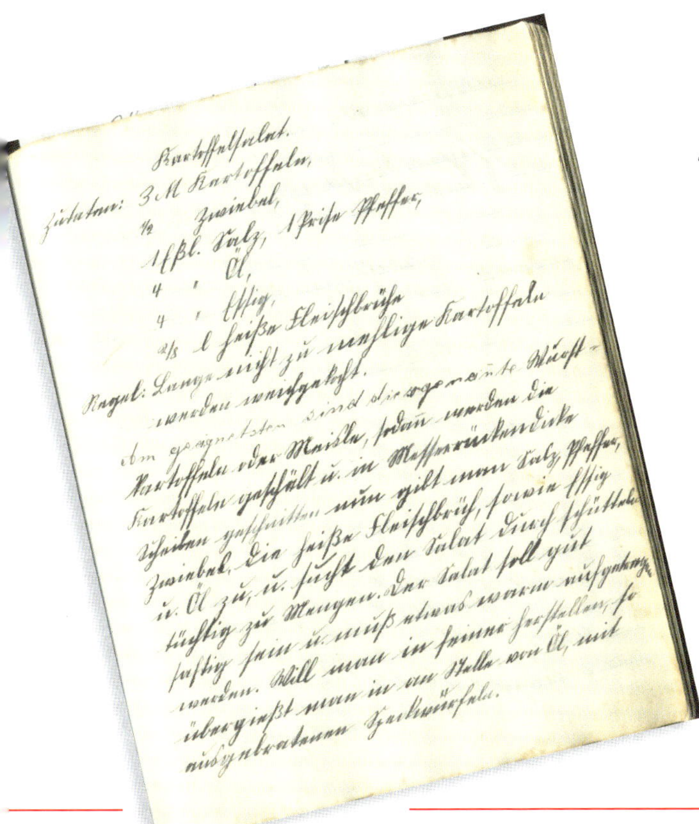

Dank, edler Drake, habe Dank
Für deine rare Speise
Sie nährt, sie labt, sie nützet uns
Auf hundertfache Weise

Salat davon, gut angemacht
Mit Feldsalat durchschossen,
Der wird mit größtem Appetit
Von Jedermann genossen.

aus dem »Kartoffellied«
von Samuel Friedrich Sauter

Kartoffelsalat

Herzhafter Nudelsalat von Ramona

250 g Gabelspaghetti oder Hörnchen	nach Vorgabe abkochen, abschrecken, in eine Schüssel geben.
1 rote Paprika (oder ½ Glas Paprika)	
4 Essiggurken	
1 Zwiebel	
125 g Hartkäse	in Würfel schneiden,
125 g Salami	in feine Streifen schneiden und alle Zutaten mit den Nudeln vermischen.

Marinade

200 g Vollmilchjoghurt	
100 g Mayonnaise	
3 EL Essig, 1 TL Senf	
½ TL Salz, Pfeffer	
1 Spritzer Tabasco	gut verrühren und mit den Salatzutaten vermischen. Vor dem Servieren etwa eine Stunde durchziehen lassen.

Bauschlott am Anger

Klassischer Nudelsalat

250 g Gabelspaghetti oder Hörnchen	nach Vorgabe abkochen, abschrecken, in eine Schüssel geben.
150 g Karotten	in feine Stifte oder feine Ringe schneiden.
100 g TK-Erbsen	mit den Karotten in
150 ml Wasser	
1 Prise Zucker	
1 TL Suppengewürz	
½ TL Salz	etwa 5 Minuten bissfest garen, mit dem Sud zu den Nudeln geben.
250 g gekochter Schinken oder Fleischwurst	in kleine Würfel schneiden,
1 gelber, 1 roter Paprika	Kernhaus entfernen, in kleine Würfel schneiden,
1 Knoblauchzehe	
½ Bund Petersilie	fein hacken, Zutaten zu den Nudeln geben.

Marinade

200 g Vollmilchjoghurt	
200 g Crème fraîche oder 100 g Salatmayonnaise	
2 EL Essig	
1 TL Senf	
½ TL Salz	
Pfeffer	verrühren und mit den Salatzutaten vermischen. Vor dem Servieren etwa eine Stunde ziehen lassen.

Anstelle der Erbsen und Karotten können Sie auch Gewürzgurken und statt des Paprikas Mais aus der Dose verwenden.

Garküche im Beylehof

Philipp Melanchthon – der große Sohn Brettens

Philipp Melanchthon wurde am 16. Februar 1497 als erstes Kind des Ehepaares Georg Schwarzerdt und Barbara (geb. Reuter) in Bretten geboren. Der Vater war Rüstmeister am Hofe des Kurfürsten Philipp in Heidelberg. Seine Handwerkskunst erregte bei Turnieren der Fürsten und Edelleute so großes Aufsehen, dass er selbst für den damaligen Kaiser Maximilian I. und den König von Polen eine Turnierrüstung anfertigen durfte.

Die Familie wohnte in einem stattlichen Fachwerkhaus am Marktplatz in Bretten, dem Platz des heutigen Melanchthonhauses. Der kleine Philipp wuchs unter der Obhut seiner Großeltern, Hans Reuter und Elisabeth (geb. Reuchlin, vermutlich die Schwester des berühmten Humanisten Johannes Reuchlin aus Pforzheim), einer sehr angesehenen Familie, auf.

Melanchthon erlebte Hexenverbrennungen und im Alter von sieben Jahren die 14-tägige Belagerung der Stadt im Jahre 1504 durch württembergische Truppen. Vier Jahre später erlag sein Vater nach langem Siechtum den Folgen einer Brunnenvergiftung während eines Feldzuges, einer damals üblichen Kriegslist der Feinde. So wurde der elfjährige Philipp zur Erziehung und Bildung zu seiner inzwischen nach Pforzheim zurückgekehrten Großmutter geschickt. Dort lernte er neben Latein auch das eher seltene Griechisch mit sehr großem Erfolg. So bekam er von seinem Großonkel, dem Gelehrten Reuchlin, im Jahre 1509 den griechischen Namen »Melanchthon« (Übersetzung seines Namens Schwarzerdt) verliehen. Kaum 13 Jahre alt begann er sein Studium in Heidelberg, vervollständigte es in Tübingen und schloss 1514 als Magister ab. In Tübingen lehrte er bereits als 18-jähriger und verfasste mehrere Publikationen, darunter eine Grammatik der griechischen Sprache. Durch dieses maßgebende Lehrbuch wurde die Universität in Wittenberg, wo bereits Martin Luther lehrte, auf den jungen Lehrer aufmerksam und berief ihn 1518, erst 21-jährig, als Professor für Griechisch. Luther selbst vertiefte bei Melanchthon seine griechischen Sprachstudien, dieser wiederum studierte bei Luther Theologie.

Philipp Melanchthon (1497 bis 1560)

Durch seine unübertroffenen Kenntnisse der alten Sprachen war er Luther eine große Stütze bei der Übersetzung alter biblischer Texte. Nach Aussagen Luthers hat ihn Melanchthon zur Übersetzung des Neuen Testamentes veranlasst, die er während seines unfreiwilligen Aufenthaltes auf der Wartburg in nur elf Wochen leistete. Fortan arbeiteten beide sehr eng zusammen und machten sich auch an die Übersetzung des Alten Testamentes, verfassten wichtige theologische Kommentare und Auslegungen. Melanchthons größte und in der ganzen christlichen Welt aufsehenerregendste Leistung war die Formulierung des »Augsburger Bekenntnisses«, der »Confessio Augustana«, die dem Kaiser Karl V. beim Reichstag in Augsburg 1530 vorgetragen und zur Grundlage für alle Glaubensfragen im gesamten Protestantismus wurde.

Durch sein Wirken gilt Melanchthon neben Luther als bedeutendster Reformator. Die große Zahl an Schul- und Lehrbüchern sowie Studienpläne, die für das Schul- und Universitätswesen richtungsweisend waren, brachten ihm schon zu Lebzeiten den Ruf »Praeceptor Germaniae« (Lehrer Deutschlands) ein. Melanchthon starb 1560 im Alter von 63 Jahren in Wittenberg und ruht gegenüber Luther in der dortigen Schlosskirche.

Melanchthonhaus in Bretten

Melanchthon kann man wohl als einen der klügsten Menschen des 16. Jahrhunderts bezeichnen. Die evangelische Christenheit hat dem großen Humanisten und Gelehrten mit Spenden aus der ganzen Welt an der Stelle seines 1689 durch französische Truppen zerstörten Geburtshauses ein »Melanchthon-Gedächtnishaus« errichtet. Dort sind eine 12 000 Bände umfassende Büchersammlung, viele Drucke und wertvolle Handschriften aus dem 16. Jahrhundert, vor allem Melanchthons, aber auch von Luther und anderen bekannten Theologen und Humanisten zu bewundern. Das berühmte »Septembertestament«, von dem es auf der Welt nur noch wenige Exemplare gibt, wird dort ebenfalls ausgestellt. Die so genannte »Septemberbibel« ist die erste Übersetzung des Neuen Testaments aus dem griechischen Urtext in die deutsche Sprache von Martin Luther und erschien im September 1522. Sie begründete die einheitliche, neuhochdeutsche Schriftsprache und enthält 21 Holzschnitte aus der Werkstatt des Wittenberger Malers Lucas Cranach, der sie auch verlegte. Die vollständige Ausgabe, das Alte und Neue Testament, lag im Jahre 1534 vor.

»Septemberbibel« von 1522

Kraichgauer Trachten

Der »Melanchthonverein Bretten« hat es sich zur Aufgabe gemacht, das Andenken des Reformators und Humanisten zu bewahren und zu pflegen. So bietet der Verein regelmäßig Führungen an. Die Stadt Bretten verleiht alle drei Jahre den »Melanchthonpreis« an einen Wissenschaftler, betreibt Forschungen und organisiert Veranstaltungen. Die »Philipp Melanchthon-Schülerpreis Stiftung« vergibt alljährlich einen »Melanchthon-Schülerpreis«, der neben exzellenten schulischen Leistungen auch soziales Engagement des Preisträgers voraussetzt.

Überall auf Schritt und Tritt begegnet man in Bretten seinem berühmten Sohn. So wurde die Hauptstraße in der Innenstadt und ein Gymnasium nach ihm benannt. Vor der Stiftskirche und gegenüber dem Gymnasium steht Melanchthon in Stein gehauen, was die Abiturienten schon mal gerne für ihren »Abi-Streich« nutzen, indem sie ihn liebevoll in Gewänder hüllen. Beim Festzug des berühmten Peter- und Paul-Festes kann man dem siebenjährigen Philipp mit seiner Familie sogar persönlich begegnen.

Melanchthon Statue in Bretten

Oberbürgermeister Paul Metzger mit Frau

Feldsalat mit Kracherle

300 g Feldsalat	gelbe Blättchen und Würzelchen entfernen, mehrmals waschen, gut abtropfen lassen.
3 Toastbrotscheiben	Rinden entfernen, in 1 cm große Würfel schneiden.
1 EL Butter	erhitzen,
1 Knoblauchzehe	pressen und mit den Brotwürfelchen kross rösten. Beiseite stellen.

Marinade

1 TL Küchenkräuter (gehackt)	
1 Zwiebel (in Würfel geschnitten)	
1 TL Senf	
½ TL Salz	
1 Prise Zucker	
1 Prise Pfeffer	
1 EL Balsamico-Essig (rot)	
1 EL Tafelessig	
3 EL Sonnenblumenöl oder Nussöl	
3 – 4 EL Mineralwasser	in einer großen Schüssel gut verrühren, den Salat zugeben und vorsichtig unterheben. Die Kracherle überstreuen und sofort servieren.

Blattsalat soll beim Waschen nur ganz kurz im Wasser bleiben, eine Ausnahme ist der Endivien- und Chicoréesalat, der seine Bitterstoffe im warmen Wasserbad verliert. Der Salat schmeckt köstlich, wenn ein alter Weisheitsspruch beherzigt wird: »Nehme Öl wie ein Verschwender, Essig wie ein Geizhals, Salz wie ein Weiser und mische mit Kräutern wie ein Narr.«

Dieser Salat wird gerne als Vorspeisensalat gegessen. Sie können ihn mit gebratenen Putenstreifen oder Garnelen garnieren, oder alternativ mit gehackten Walnüssen und gerösteten Speckwürfelchen bestreuen.

Stroh nach dem Dreschen

Rote-Bete-Rohkostsalat

500 g Rote Bete	sorgfältig reinigen, abschaben und die Würzelchen entfernen, auf der groben Raffel reiben.
1 Apfel	schälen, Kernhaus entfernen, ebenfalls reiben.
1 Zwiebel	fein würfeln.

Marinade

200 g saurer Rahm	
½ TL Salz	
Pfeffer	
1 TL Suppengewürz	
Saft einer Zitrone	gut verrühren und mit den Salatzutaten vermischen. Vor dem Servieren mindestens eine Stunde ziehen lassen.
1 Bund Schnittlauch	zu Röllchen schneiden und überstreuen.

Rindfleischsalat

500 g Rindfleisch (gekocht)	in kleine Würfel schneiden,
5 Gewürzgurken	
2 Zwiebeln	würfeln.

Marinade

100 ml Gurkenwasser	
50 ml Gemüsebrühe	
1 EL Essig	
4 EL Öl	
1 Prise Salz, Pfeffer, Zucker	
1 Spritzer Worcestersoße	verrühren und mit den Salatzutaten vermischen.
½ Bund Schnittlauch	in Röllchen schneiden und überstreuen.

Diesen Salat mache ich auch gerne aus den Suppenfleisch-Resten. Es empfiehlt sich, das Fleisch erst wenn es erkaltet ist, zu schneiden.

Gasthaus Engel in Ubstadt

Schichtsalat (für mind. 8 Personen)

1 Glas Selleriestifte	
5 Eier (hart gekocht)	in Scheiben schneiden,
6 Scheiben gekochter Schinken (3 mm dick)	in Würfel schneiden,
250 g Mais aus der Dose	
570 g Ananas aus der Dose	Saft abgießen,
2 große, weiche Äpfel	Kernhaus entfernen, in kleine Würfel schneiden.
	Zutaten der Reihe nach in eine große Schüssel schichten,
500 g Salatmayonnaise	
200 g Joghurt	verrühren und darüber gießen.
2 mittelgroße Stangen Lauch	halbieren und ohne das Grün in sehr feine Streifen schneiden und den Salat damit abdecken. Zugedeckt mindesten 12 Stunden kühl stellen und erst vor dem Anrichten vermischen.

Blick auf Diedelsheim

Fachwerkhaus in Östringen

Wurstsalat auf schwäbische Art

200 g Blutwurst im Darm	
200 g Schinkenwurst	
200 g Schwartenmagen	in feine Streifen schneiden.
5 Gewürzgurken	
3 Zwiebeln	in feine Würfel schneiden.
Marinade	
150 ml der Gurkenflüssigkeit	
1 TL Senf	
1 Prise Salz und Pfeffer	
4 EL Öl	gut verrühren und mit den Salatzutaten vermischen.
1 Bund Schnittlauch	in Röllchen schneiden und überstreuen.

Weißkrautsalat

1 kleiner Kopf Weißkraut (etwa 1 kg)	sehr fein hobeln, stampfen oder mit der Faust drücken, bis das Kraut Saft abgibt.
60 g Speckwürfelchen	in
4 EL Sonnenblumenöl	auslassen, das Kraut auflockern, zufügen und etwa 5 Minuten dämpfen,
6 EL Weißweinessig	und
50 ml Wasser	angießen.
1 TL Gemüsebrühe (gekrönte Brühe)	
1 TL Zucker	
1 TL Kümmel (gestoßen)	
1 Msp. Salz, 1 Prise Pfeffer	mit dem Kraut vermischen, nach dem Abkühlen servieren.

Kastanienblüten

Nicoles Bärlauchcremesuppe

3 große Kartoffeln	schälen, fein reiben,
1 Zwiebel	würfeln,
½ Bund Petersilie	fein hacken,
2 EL Butter	erhitzen, das Gemüse darin andünsten, mit
1 l Fleisch- oder Gemüsebrühe	ablöschen.
200 g Bärlauchblätter	in schmale Streifen schneiden und zur Suppe geben, mit
¼ TL Salz	
2 Prisen Pfeffer (weiß)	
1 Prise Muskatnuss	würzen, alle Zutaten 10 Minuten garen, mit dem Mixstab pürieren,
250 ml Sahne	schlagen und mit dem Schneebesen unterheben.
½ Bund Schnittlauch	feine Röllchen schneiden und über die Suppe geben.

Es gibt ein Dorf im Salzachtal,
klein aber wunderschön.
Mit Wiesen grün und Feldern bunt,
so reizend anzusehn.
Mit Quellen klar auf Bergeshöhn
und reiner frischer Luft
und wenn im Sommer der Bärlauch schießt,
erfüllt mit frischem Duft.

Blick auf Ruit

Rathaus in Ruit

Brennnesselsuppe als Frühjahrskur

Brennnesseln, genau wie Bärlauch als Unkraut verschrien, sind durch ihre Vitamine und Mineralien sehr gesund. Man verwendet die jungen Blätter vor der Blüte, das heißt von März bis Juli. Sie verlieren das Nesseln schon beim Hacken, man kann sie also auch roh in einen Salat mischen. Sie können zu jeder Füllung, in Klößen, Fleischküchle, Maultaschen, Pfannkuchen, Rühreier, Gemüse, besonders natürlich zusammen mit Spinat verwendet werden. Vor allem als Frühjahrskur wirkt sie Wunder, in dem sie den Körper entschlackt.

Man sagt, Brennnesseln seien so wertvoll, dass sie sich durch das Nesseln schützen müssen, sonst wären sie längst von den Pflanzenfressern ausgerottet worden. Leider werden sie gerne gemieden, obwohl sie als wichtige Heilpflanze eigentlich einen Ehrenplatz in jedem Garten haben sollten.

Der Brennnessel werden verschiedene Heilwirkungen zugeschrieben:

- blutreinigend
- blutstillend
- blutbildend
- stoffwechselfördernd

Daher wird die Brennnessel unterstützend unter anderem bei Harnwegserkrankungen, Bluthochdruck, Rheuma und Gicht eingesetzt.

1 Zwiebel	würfeln, in
2 EL Butter	hellgelb dämpfen,
1 EL Mehl	zufügen, mitrösten, mit
1 l Fleischbrühe	ablöschen,
250 g Brennnesselblätter	fein hacken, zugeben. Alle Zutaten 5 Minuten garen, mit
Salz, Pfeffer, Muskat	abschmecken.
100 ml Sahne	
1 Eigelb	verrühren und damit die Suppe legieren.

Streuen Sie vor dem Servieren frische, gehackte Kräuter über die Suppe und reichen Sie in Butter geröstete Weißbrotwürfel dazu.

Schwan auf dem Aalkistensee

Geröstete Grießsuppe

50 g Butter	schmelzen,
Suppengrün (1 Karotte, 1 Stück Lauch, Petersilie, 1 Stück Sellerie)	klein schneiden mit
6 EL Grieß (etwa 90 g)	in der Butter rösten, mit
1 l Gemüsebrühe (warm)	auffüllen und circa 30 Minuten schwach kochen lassen, mit
Salz, Pfeffer, Muskat	abschmecken und servieren.

Kochen Sie noch 5 Minuten fein geschnittene Karottenscheiben in der Suppe, das sieht sehr dekorativ aus und schmeckt besonders den Kindern.

Grünkernmehlsuppe

2 EL Butter	erhitzen, darin
50 g Grünkernmehl	rösten, mit
1 l Fleisch- oder Gemüsebrühe	ablöschen, 15 Minuten leicht köcheln lassen,
1 Eigelb	
3 EL Sahne	verrühren, damit die Suppe legieren.

Rinder- oder Hühnerbrühe wurde früher mit Grünkernmehl gebunden und hauptsächlich sonntags und bei Festen mit Klößchen jeder Art serviert. Bei Hochzeiten war es Tradition, in diese Suppe Markklößchen und Eierstich einzulegen.

Blauregen

Gulaschsuppe

350 g Zwiebel	
2 Knoblauchzehen	würfeln,
50 g Butterschmalz oder Schweineschmalz	erhitzen, Zwiebel und Knoblauch darin andünsten,
500 g Rindergulasch	in kleine Würfel schneiden, zugeben und anbraten, mit
½ TL Salz	
1 EL Paprika (edelsüß)	
½ TL Rosenpaprika	
Pfeffer	
½ TL Thymian	würzen.
1½ l Fleischbrühe	zugießen und 40 Minuten garen,
1 grüne und 1 rote Paprikaschote	in Streifen schneiden,
4 Tomaten	enthäuten, vierteln,
1 mittelgroße Kartoffel	schälen in 1 cm große Würfel schneiden, mit den Paprikas und Tomaten zur Suppe geben und weitere 20 Minuten garen.
150 ml saure Sahne	
1 EL Mehl	verrühren, die Suppe legieren, mit
Salz und Pfeffer	abschmecken.

Das Enthäuten der Tomaten ist ganz einfach, wenn Sie die Tomaten kreuzweise anritzen und kurz in kochendes Wasser legen.

Milchauto um 1930

Schlossturm in Gemmingen

Die Löfflerin aus Kürnbach

Frederica Luise Löffler, genannt die »Löfflerin« war am Hofe des württembergischen Herzogs Carl Eugen die Erste Köchin. Sie wurde am 9. August 1744 als Tochter des Apothekers Friedrich Christoph Herbord und seiner Ehefrau Maria in Kürnbach, einem kleinen Kraichgaudorf, geboren. Bevor Frederica zur Ersten Köchin des Landes aufstieg, sammelte sie das nötige Rüstzeug im elterlichen Haus in der »Oberen Gasse«. In der einen Haushälfte verdiente ihr Vater als Apotheker gutes Geld mit Tinkturen, Pülverchen und Kräutern. Die andere Haushälfte beherbergte die Wirtschaft »Drei Mohren«, welche von der Mutter betrieben wurde. Laut dem damaligen Pfarrer Hoffmann führte diese eine sehr »luxiorante Oeconomie und lässt öfters bis zu 40 Pfund Fleisch auf einmal, etliche 70 Gänse in einem Spätjahr, alte und junge Hühner von hier und aus der Nachbarschaft, Spargel aus Ulm, Lerchen von Stuttgart, Fische aus Bietigheim, Bratwürste und Hammelschlegel aus Bretten bringen«.

Hilfreich für die Entwicklung zur Spitzenköchin war auch der wiederholte Besuch bei ihrem Onkel in Bietigheim, der den Ruf eines Elitekochs hatte. Ihm schaute sie über die Schulter und bekam so mit, wie die »hohen Herren« schlemmten und betuchte Reisende in der »Sonne« verwöhnt wurden. Erkenntnisse, die ihr später am Stuttgarter Hofe zustatten kamen. Mit 35 Jahren heiratete Frederica Johann Friedrich Löffler, der Pauker und Trompeter der herzoglichen Garde zu Pferde war. Im Laufe der Jahre gebar sie sieben Kinder, wobei ihre älteste Tochter Henriette auch die Liebe und Leidenschaft fürs Kochen geerbt hatte. Über die Tätigkeit der »Löfflerin« am herzoglichen Hofe gibt es nur sehr wenige Unterlagen.

Da es in jener Zeit keine zuverlässigen Kochanleitungen für die Bevölkerung gab, war es ihr ein Anliegen, ein umfassendes Kochbuch heraus zugeben. Bereits im Jahr 1791 erschien ihre erste »Anleitung für bürgerliche Hausfrauen zum Kochen«. Zehn Jahre später erschien das »Ökonomische Handbuch für Frauenzimmer«, eine Überarbeitung der vorherigen Ausgabe und Erweiterung mit einem Ratgeber in allen Lebenslagen. Dieses Kochbuch stand praktisch in jedem Haushalt und war oftmals neben der Bibel das einzige Buchwerk auf dem Regal. Bis zum Jahr 1930 erschienen im Steinkopf-Verlag Stuttgart vom ersten Band 38 Auflagen. Trotz dieses Erfolges taucht der Name »Frederica Luise Löffler aus Kürnbach« in keiner Biografie auf. Aber bereits der berühmte römische Staatsmann und Philosoph Seneca erkannte vor

Marktplatz in Kürnbach

über 2000 Jahren: »Wieviele wunderbare Taten von Frauen bleiben ungerühmt«. Frederica Luise Löffler starb 1805 im Alter von 61 Jahren.

Die Tochter der »Löfflerin«, Henriette Löffler, hat ihrer Mutter zu Ehren ein »großes illustriertes Kochbuch für den einfachen Tisch und die feine Küche« mit über 2000 Rezepten herausgegeben, »mit der Absicht und dem innigen Wunsch, meiner seligen Mutter, die wohl eine der besten Köchinnen ihrer Zeit genannt werden kann, ein Denkmal zu setzen«.

Quelle: Elke Dörlich, Gemeinde Kürnbach

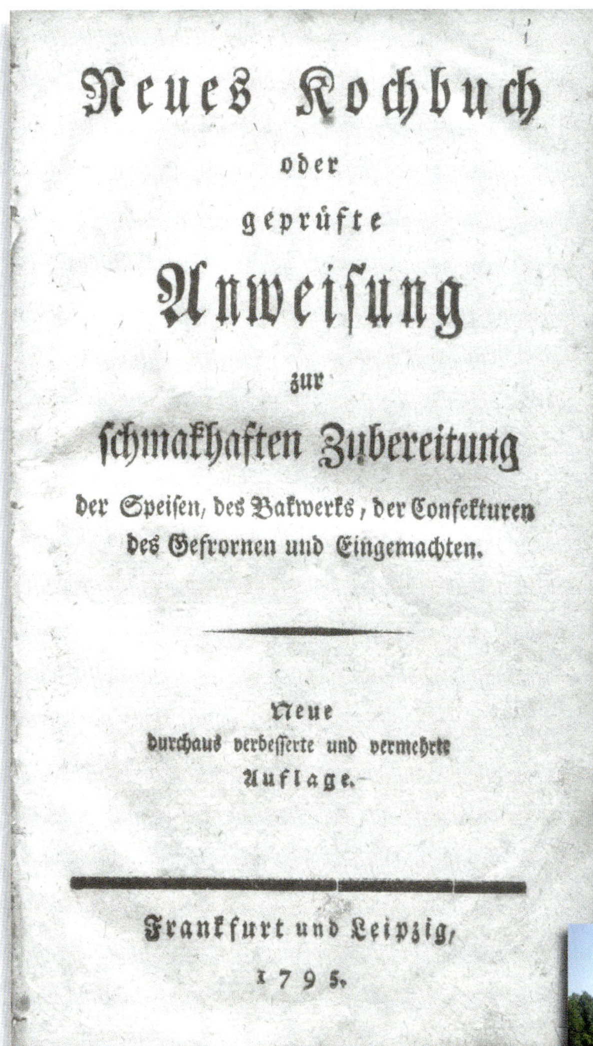

Neues Kochbuch
oder
geprüfte
Anweisung
zur
schmakhaften Zubereitung
der Speisen, des Bakwerks, der Confekturen
des Gefrornen und Eingemachten.

Neue
durchaus verbesserte und vermehrte
Auflage.

Frankfurt und Leipzig,
1795.

Wasserschloss Bad Rappenau

Hühnersuppe

1 Suppenhuhn (etwa 1 kg) in
1½ l Wasser (kalt) aufkochen.

Zutaten

1 Stange Lauch
1 große Karotte
½ Sellerieknolle
1 Zwiebel
2 Knoblauchzehen
1 Tomate
1 Bund Petersilie grob zerkleinern.
4 Pfefferkörner
1 Lorbeerblatt
½ TL Salz zufügen und 1½ Stunden garen. Danach die Brühe durch ein Sieb gießen, abschmecken und heiß servieren.

Das Huhn entbeinen, enthäuten und klein schneiden. Man kann es zur Suppe geben oder zu Hühnerfrikassee verarbeiten.
Sobald bei uns jemand krank wird, wird eine Hühnersuppe gekocht und dem Kranken serviert. Wir sind überzeugt, durch das natürliche Antibiotikum im Fleisch ist Hühnersuppe ein Stärkungsmittel und bewirkt oft Wunder.

Blick auf Tiefenbach

Haustürschild in Gochsheim

Karottensuppe

350 g Karotten	
150 g Sellerie	schaben, in dünne Scheiben schneiden,
½ Zwiebel	würfeln,
½ Bund Petersilie	hacken,
40 g Butter	erhitzen, Zutaten darin dämpfen,
50 g Mehl	darüber stäuben, kurz miträsten, mit
1 l Fleisch- oder Gemüsebrühe	ablöschen, alles 10 Minuten garen, bis das Gemüse weich ist. Anschließend pürieren und mit
Salz, Pfeffer, Zucker	abschmecken. Nochmals aufkochen und
150 ml süße Sahne	mit etwas heißer Brühe verrühren und zur Suppe geben, erhitzen, jedoch nicht mehr kochen lassen.
½ Bund Petersilie	fein hacken, über die Suppe streuen und servieren.

In den 1950er und 1960er Jahren wurde im Kraichgau vor jeder Mahlzeit eine Suppe gereicht. In der heutigen Zeit ist das leider sehr aus der Mode gekommen.

Haferflockensuppe

1 EL Butter	schmelzen, darin
8 EL Haferflocken (fein)	hellbraun rösten, dann langsam mit
1½ l Fleisch- oder Gemüsebrühe	ablöschen und circa 10 Minuten leicht köcheln lassen. Mit
Salz und Pfeffer	abschmecken, mit
1 Eigelb	und drei Esslöffel der Suppe legieren und servieren.

Diese Suppe wird gerne unterstützend bei Magen- und Darmproblemen gegessen. Dann werden die Haferflocken ohne Butter geröstet und anstatt mit Brühe, nun mit Wasser abgelöscht.

Ausblick Derdinger Horn

Tomatensuppe

1 kg Tomaten	vierteln,
1 Zwiebel	würfeln,
60 g Butter	erhitzen, darin zuerst die Zwiebeln, dann die Tomaten gut durchdämpfen.
80 g Mehl	darüber stäuben, kurz mitrösten, mit
¾ l Fleisch- oder Gemüsebrühe	ablöschen.
½ TL Salz	
5 Pfefferkörner (schwarz)	
1 Stängel Liebstöckel	
1 kurzer Stängel Rosmarin	
1 kleiner Zweig Oregano	hinzufügen, alles 15 Minuten garen. Nun die Suppe durch ein Sieb (flotte Lotte) passieren, aufkochen und mit
Salz, Pfeffer, Brühe (gekörnt)	abschmecken. Nochmals aufkochen
5 EL süße Sahne	zufügen, nicht mehr kochen lassen und servieren.
100 g Parmesan (gerieben) oder Weißbrotwürfel (geröstet)	separat dazu reichen.

Aussenfassade eines Juweliergeschäftes in Eppingen

Waltrauds Kartoffelsuppe

1 Zwiebel	
1 Knoblauchzehe	würfeln,
100 g Lauch (vom weißen Teil)	
2 Karotten (etwa 150 g)	in Ringe schneiden,
150 g Sellerie	in kleine Würfel schneiden,
½ Bund Petersilie	fein hacken,
4 Blätter Liebstöckel	zerzupfen.
2 EL Butter	erhitzen und alle Zutaten darin andünsten,
1 l Fleischbrühe	zugießen, aufkochen.
500 g Kartoffeln	in kleine Würfel schneiden, dazugeben, 45 Minuten garen, dann pürieren.
250 ml saure Sahne	mit etwas heißer Brühe anrühren, zur Suppe geben, mit
Salz, Pfeffer, Muskat	würzen.
3 Scheiben Toastbrot	in Würfel schneiden,
1 EL Butter	erhitzen, darin das Brot kross rösten. Die Brotwürfel beim Servieren dazu reichen.

Geben Sie beim Andünsten des Gemüses etwa 60 g klein gewürfelten Speck hinzu, dann bekommt die Suppe einen herzhaften Geschmack.
Diese Suppe isst man im Kraichgau gerne als Vorspeise zu Dampfnudeln oder Waffeln.
Wenn Sie der Suppe pro Person ein Paar Saitenwürstchen zufügen, haben Sie eine vollständige Mahlzeit.

Biedermeiergruppe beim Peter- und Paul-Fest

Kürbiscremesuppe mit Mandelklößchen

Suppe

1 Zwiebel	würfeln,
30 g Butter	erhitzen, Zwiebel glasig dünsten, mit
¼ l Wasser	ablöschen.
500 – 600 g Hokkaido-Kürbis	mit der Schale grob würfeln.
1 große Kartoffel	würfeln, mit dem Kürbis dazugeben, mit
¾ l Gemüsebrühe	auffüllen, circa 30 Minuten garen, dann pürieren, mit
Salz, Pfeffer, Muskat	
100 ml Orangensaft	abschmecken.

Mandelklößchen

250 g Bratwurstbrät	
1 Eigelb	
80 g Mandeln (gemahlen)	
2 EL Semmelbrösel	mit dem Knethaken vermengen und abschmecken.
125 ml saure Sahne	mit etwas heißer Suppe verrühren und zugeben.
½ Bund Schnittlauch	in Röllchen schneiden, überstreuen und servieren.

Die Suppe schmeckt sehr herzhaft, wenn Sie anstelle der Klößchen 100 g Speck auslassen und mit je einem Esslöffel Sahne in den Suppentellern verteilen.

Kürbiscremesuppe mit Mandelklößchen

Erikas Lauchsuppe

2 kleine Zwiebeln	
180 g roher Schinken	würfeln und in
30 g Butter	dämpfen.
500 g Lauch	in feine Ringe schneiden, dazugeben und etwa 8 Minuten mitdünsten, mit
1 l Fleisch- oder Gemüsebrühe	ablöschen, mit
Salz und Pfeffer	würzen und 10 Minuten garen.
2 EL Mehl	
⅛ l badischer Weißwein (trocken)	miteinander verrühren, in die Suppe einrühren und kurz aufkochen, mit
4 EL saure Sahne	
2 Eigelb	legieren, nicht mehr kochen lassen.
½ Bund Petersilie	hacken, überstreuen und heiß servieren.

Eierstich

Eine Einlage mit Eierstich ist eine Verfeinerung jeder klaren Suppe.

1 Ei	
1 Eigelb	
100 ml Milch	
je 1 Prise Salz und Muskat	mit dem Schneebesen schlagen. Eine große Tasse mit
1 EL Butter	ausfetten, Eiermilch einfüllen und etwa 20 Minuten zugedeckt in kochendes
Wasser	stellen, bis die Masse gestockt ist. Nach dem Erkalten den Eierstich aus der Tasse lösen, in Würfel schneiden und in Fleischbrühe einlegen.
½ Bund Schnittlauch	zu Röllchen schneiden, darüber streuen und servieren.

Löwenthor in Gondelsheim

Rindfleischbrühe

250 g zerkleinerte Knochen	
2 Markknochen	in
1 ½ l Wasser (kalt)	aufkochen.
500 g Suppenfleisch	zugeben und aufkochen. Mit dem Schaumlöffel abschäumen.
2 Karotten	
1 kleiner Stängel Lauch	
2 Petersilienwurzeln	
150 g Sellerieknolle	
1 Liebstöckelstängel	
1 Zweig Thymian	
1 Tomate	
1 Zwiebel	
1 Knoblauchzehe	grob zerkleinern und zugeben, mit
5 Pfefferkörnern	
1 Lorbeerblatt	
1 TL Salz	würzen, alles 90 Minuten garen. Fleisch entnehmen, Suppe durch ein Sieb gießen und abschließend mit
Salz und Pfeffer	abschmecken.

Trinken Sie diese kräftigende Brühe als heiße Bouillon mit einem Eigelb.

Diese kräftigende Brühe kann für alle Suppeneinlagen und als Soßengrundlagen verwendet werden.
Gerne wird sie auch für Gemüse oder zum Zubereiten von Kartoffelsalat verwendet. Das Fleisch schneidet man in kleine Würfel und fügt es der Suppe bei, oder man bereitet davon einen Rindfleischsalat zu.

Zitronenthymian

Hofeinblick Löwenthor

Flädlessuppe (ergibt 4 Flädle)

125 g Mehl	
2 Eier	
¼ l Milch	
1 Prise Salz	zu einem glatten, nicht zu dicken Teig rühren.
30 g Butterschmalz	in einer flachen Pfanne stark erhitzen, einen Schöpflöffel Teig in die Pfanne einlaufen lassen, so dass der ganze Boden dünn bedeckt ist.
	Pfannkuchen ausbacken, auf einem Teller ablegen, abkühlen lassen. Die Pfannkuchen einzeln zusammenrollen und in dünne Streifen schneiden.
1 l Fleisch- oder Gemüsebrühe	erhitzen, über die Flädle gießen, nicht mehr aufkochen lassen und sofort servieren
1 Bund Schnittlauch	feine Röllchen schneiden und über die Suppe geben.

Die geschnittenen Flädle lassen sich gut eingefrieren, sollten jedoch erst kurz vor dem Essen aufgetaut werden.

Kraichgau-Korn

Leberknöpfle (Leberspätzle)

50 g Butter	schaumig rühren,
1 kleine Zwiebel	in kleine Würfelchen schneiden, mit
80 g Paniermehl	
1 Ei	
150 g Kalbsleber (gemahlen)	nach und nach in die Butter einrühren, mit
Salz	und
½ TL Majoran	würzen. Den Teig 15 Minuten kalt stellen.
3 l Salzwasser	zum Kochen bringen.
	Den Teig auf ein Spätzlebrett geben und kleine Knöpfle in das siedende Wasser schaben. Die Spätzle 10 Minuten ziehen lassen, mit einem Schaumlöffel herausnehmen und kurz unter kaltem Wasser abschrecken und in einer kräftigen Rinderbrühe servieren.

Bestreuen Sie die Suppe mit Schnittlauchröllchen.

Der Großbrand von Gochsheim

Gochsheim erhielt bereits im Jahre 1220, nach dem Besuch des Stauferkaisers Friedrich II., die Marktrechte und bekam eine wehrhafte, die Stadt umgebende Mauer. So war Gochsheim gegen feindliche Übergriffe gut geschützt. Bei anrückenden Soldaten bot sie sogar den Einwohnern der sie umgebenden Dörfer Schutz.

Lediglich im Jahr 1689 wurde das Städtchen, wie fast alle Dörfer und Städte in der Kurpfalz, durch die Truppen des französischen Königs Ludwig XIV. unter General Melác vollkommen zerstört und niedergebrannt. Dabei ging es um das Erbe der »Lieselotte von der Pfalz«, die im Heidelberger Schloss aufgewachsen war (auch dieses wurde total ruiniert). Innerhalb von wenigen Stunden blieb von Gochsheim nur noch ein Häufchen Asche übrig.

Scharfrichterhaus in Gochsheim

Nach mühevollem Wiederaufbau erlebte die Stadt genau 50 Jahre später eine erneute Feuersbrunst. Aber diesmal geschah es vollkommen unbeabsichtigt durch eine Hausfrau beim Kochen: An jenem Tag sollten Pfannkuchen auf den Tisch kommen. Also gab sie Fett (vermutlich Schweineschmalz) in eine Pfanne und stellte diese auf den Herd. Durch Unachtsamkeit überhitzte das Fett so sehr, dass es sich entzündete und Feuer fing. Die arme Frau wusste sich nicht anders zu helfen, als die brennende Pfanne aus dem Fenster zu werfen. Nicht ahnend, welche Folgen ihre Tat auslöste. Binnen kurzer Zeit brannte das nebenstehende (Holz-)Haus, und das Feuer breitete sich in Windeseile in der Stadt aus. Die wiedererrichtete Kirche und weite Teile der Stadt waren ein Raub der Flammen geworden.

So hatte diese brennende Pfanne das geschafft, was vor ihr nur Kriege und Brandschatzungen angerichtet hatten.

Graf-Eberstein-Schloss in Gochsheim mit Trockenmauer

Brätflädle-Suppe

250 g Mehl
2 Eier
400 ml Milch
½ TL Salz – zu einem Flädleteig verrühren und in einer mit wenig Fett ausgestrichenen Pfanne dünne Flädle ausbacken.

Füllung

Legen Sie die eingerollten Flädle kurz in das Gefrierfach, sie lassen sich dann besser schneiden.

300 g Brät
4 Eier
1 EL Paniermehl
½ TL Majoran, ½ TL Salz
1 Zwiebel (gehackt) – zu einem gut streichbaren Teig verarbeiten.

Die gebackenen Flädle mit der Füllung bestreichen und fest einrollen. In 2 cm dicke Stückchen schneiden, in einen Kochtopf geben und mit

1 l Fleischbrühe (kochend) – übergießen. Nur kurz ziehen lassen, bis die Flädle warm sind. Mit

Schnittlauchröllchen – bestreuen und sofort servieren.

*Zur Verfügung gestellt von:
Frau Jaggy, Gasthaus
»Kanne Post« in Knittlingen*

Blick von der Sperbelhecke in Ruit

Zucchini-Suppe

1 Zwiebel	würfeln,
50 g Butter	erhitzen, Zwiebelwürfel darin glasig dünsten.
2 Knoblauchzehen	
½ Bund Petersilie	fein hacken, kurz mitdämpfen, mit
½ l Fleisch- oder Gemüsebrühe	ablöschen.
1 große Zucchini	halbieren, Kerne entfernen, grob würfeln, zu der Brühe geben, aufkochen. Mit
Salz, Pfeffer, Muskat	und nach Belieben mit
Brühe (gekörnt)	würzen, etwa 15 Minuten garen, mit dem Stabmixer pürieren,
¼ l Sahne	unterrühren und heiß servieren.

Geben Sie vor dem Anrichten ausgelassenen Räucherspeck über die Suppe, sie schmeckt dann pikanter.

Omas Riebelessuppe

120 g Mehl	
1 Ei	
1 Prise Salz	vermengen. Die Masse zwischen beiden Händen zu kleinen Kügelchen verreiben und in
1 l Fleischbrühe (kochend)	einstreuen und servieren.

Beim Anrichten in Butter geröstete Zwiebel in die Suppe geben.

Eine wahre Begebenheit: Die Frau von Josef Strauß, einem Bauer aus Oberöwisheim, musste ihrem Mann so lange er lebte, jeden Abend eine Riebelessuppe kochen.

Faustdenkmal vor dem Rathaus in Knittlingen

Markklößchen

40 g Mark	in einem kleinen Topf erhitzen, bis das Mark glasig ist. Durch ein Sieb drücken und abkühlen lassen.
40 g Butter	auf die gleiche Temperatur wie das Mark erwärmen und mit dem Mark schaumig rühren.
2 Stängel Petersilie	abzupfen, fein hacken, zusammen mit
1 Ei	
1 Prise Salz, Pfeffer und Muskat	unter das Mark mischen, mit
80 – 100 g Paniermehl	vermengen, bis sich die Masse gut bindet.
	Den Teig mindestens eine Stunde kalt stellen. Mit befeuchteten Händen nussgroße Klößchen formen. Die Klößchen 10 Minuten bei mäßiger Hitze in
1 l Rindfleischbrühe	kochen, jedoch nicht strudeln lassen.
½ Bund Petersilie	fein hacken, überstreuen und servieren.

Bauschlott um 1950

Porsche-Traktor

Schwammklößchensuppe

50 g Butter	und
1 Ei	schaumig rühren, mit
je 1 Prise Salz, Pfeffer, Muskat	würzen, mit
50 g Mehl	vermischen. Die Masse circa 30 Minuten kühl stellen. Nun mit Hilfe zweier Kaffeelöffel die Klößchen in
1 l Gemüse- oder Fleischbrühe (kochend)	einlegen, die Suppe bei geringer Hitzezufuhr etwa 5 Minuten kochen.
Petersilie oder Schnittlauch	hacken oder in Röllchen schneiden, über die Suppe geben und servieren.

Grießklößchen

125 ml Milch	
25 g Butter	
1 Prise Salz und Muskat	sowie etwas
Pfeffer (weiß, gemahlen)	
	aufkochen.
60 g Grieß	einstreuen und mit dem Schneebesen zu einem Kloß rühren (abdämpfen),
2 Eier	davon eines darunter rühren, von der Herdplatte nehmen, eine Minute abkühlen lassen, dann das zweite Ei einrühren. Mit zwei Teelöffeln Klößchen formen und in
1 l Fleischbrühe (kochend)	einlegen, etwa fünf Minuten garen.

Diese Klößchen können alternativ mit Grünkerngrieß zubereitet und mit gehackter Petersilie verfeinert werden. Sie können auch mit einer Backspritze Sternchen in die Fleischbrühe einlegen.

Alte Haustüren in Obergrombach

Renates Linseneintopf für Eilige

100 g Rauchfleisch	
1 Zwiebel	in Würfel schneiden, in
2 EL Öl	dämpfen.
1 Karotte	
1 Stange Lauch	
150 g Sellerieknolle	
2 Kartoffeln	in kleine Würfel schneiden und alles kurz mit anbraten, mit
1 l Wasser	ablöschen.
1 Kartoffel	fein reiben und mit
2 Paar Bauernbratwürsten (geräuchert)	
2 Tassen Linsen	zugeben. Im Schnellkochtopf zehn Minuten kochen. Danach mit
1 EL Senf (mittelscharf)	
1 Prise Salz	
2 EL Weinessig	abschmecken und servieren.

Im Kochtopf verlängert sich die Garzeit um mindestens 45 Minuten. Servieren Sie zu diesem Eintopf heiße Wienerle und frische Brötchen.

Bohnenkraut

Wagenrad, Waage und Korbflasche

Mitternachtseintopf

250 g Zwiebel	würfeln,
4 EL Öl	erhitzen, darin
500 g Rindergulasch	zusammen mit den Zwiebeln kräftig anbraten.
70 g Tomatenmark (1 Dose)	dazugeben und alles gut durchschmoren lassen, mit
Salz, Pfeffer und Rosenpaprika	würzen.
1/4 l Rotwein	
3/4 l Gemüsebrühe	
1 kleine Dose geschälte Tomaten (mit Saft)	zufügen. Alles aufkochen lassen und zugedeckt 1 1/2 Stunden garen lassen, abschmecken und heiß servieren.

Reichen Sie dazu Weißbrot.

Gemüsewagen auf dem Peter- und Paul-Fest

Walksches Haus in Weingarten

Kochen mit den Landsknechten beim Peter- und Paul-Fest

Wenn in Bretten alljährlich am Wochenende nach dem 29. Juni das Peter- und Paul-Fest gefeiert wird, fühlt man sich vollkommen in das Mittelalter zurückversetzt. Die ganze Stadt ist bunt geschmückt, die Stadttore sind wiedererstanden, und an den Wachen kommt man ohne Obolus nicht vorbei. Es wimmelt in den Gassen und auf den Plätzen von mittelalterlich gekleideten, fröhlichen Menschen. Es herrscht ein emsiges Treiben und Feilschen bei den Krämern und Handwerkern. Gaukler und fahrendes Volk verbreiten Jahrmarktstimmung und der besondere Duft von Garküchen zieht durch die Nase.

Man feiert übermütig das Ende der 14-tägigen Belagerung durch die Truppen des Herzogs Ulrich von Württemberg und den geglückten Ausfall aus der Stadt im Jahre 1504. Damals spürten die Brettener, dass etwas geschehen musste. Es war höchste Zeit, denn in den Mauern der Stadt war Schmalhans Küchenmeister. Also wagte man in der Not die Flucht nach vorn – und das Unternehmen glückte. Die Belagerer konnten unter dem Kommando Konrads von Sickingen, einem Ritter, dessen Familie aus dem Nachbarort Sickingen stammte, vertrieben werden.

Im Amtshof, hinter wehrhaften Mauern, vergnügen sich die Landsknechte mit ihren derben Spielchen und lauten Sprüchen. In der Ecke brennt ein Lagerfeuer, über dem an einer verstellbaren Kette ein großer Kessel hängt. Daneben stehen zwei große Weidenkörbe mit Gemüse und Fleisch, das offensichtlich für die Landsknechtsküche zubereitet werden soll.

Auf meine Nachfrage nach dem Gericht erhalte ich die kurze Antwort: »Das wird ein original mittelalterlicher Kesseleintopf, Ollapotrida genannt«. Hierzu braten die Landsknechte verschiedene Fleischsorten wie Rindfleisch mit Knochen, Schweineschulter mit Knochen, zwei Schweinehaxen, ein gerupftes Huhn, ein Stück Lammfleisch, zwei Gänsekeulen und eine Hand voll Bauernbratwürste im heißen Fett von allen Seiten scharf an. Danach werden das Fleisch, die Knochen und die Würste wieder herausgenommen und das klein geschnittene Gemüse, das sind Weißkraut, Steckrüben, Zwiebel, Karotten, Lauch, Kürbis, Sellerie, Knoblauch und die vorher eingeweichten Kichererbsen, Linsen und

Landsknecht-Kampf beim Peter- und Paul-Fest

Bohnenkerne unter Rühren angeschwitzt. Anschließend wird mit heißem Wasser abgelöscht und mit Wein, Salz, Pfeffer, Ingwer, Thymian und Majoran gewürzt. Nun wird das angebratene, von Knochen, Schwarte und Haut befreite und klein geschnittene Fleisch, außer dem Geflügel, dazu gegeben und etwa zwei Stunden leise geköchelt. Erst eine halbe Stunde vor Ende der Garzeit wird das Geflügel dazu gegeben, damit es nicht zerkocht. Zum Andicken werden weiche Brotkrumen zum Eintopf gegeben. Vor dem Verzehren streut man eine große Menge Gartenkräuter, wie Petersilie und Schnittlauch, darüber.

Rezept von Heinz Märtin

Da man im Mittelalter bei den umherziehenden Landsknechten keine Teller kannte, wird dieser Eintopf in ausgehöhlten Brötchen oder auf Brotfladen verspeist. Wer hat, benutzt natürlich einen Holzlöffel. Wenn man den Landsknechten beim Essen zuschaut, kann man geradezu hören, wie köstlich ihnen dieses Gericht schmeckt.

Kochen beim Peter- und Paul-Fest

Umzug der Biedermeier-Damen beim Peter- und Paul-Fest

Perlgraupeneintopf (gerollte Gerstensuppe)

Brühe

250 g Rindfleisch	
1 Bund Suppengrün	
½ TL Salz	
1 ½ l Wasser	eine Stunde köcheln lassen. Durch ein Sieb gießen, das Fleisch und die Brühe separat stellen.

Für den Eintopf

150 g Perlgraupen (gerollte Gerste)	in
¾ l Wasser	30 Minuten kochen, Wasser abgießen.
500 g Kartoffeln	schälen, in kleine Würfel schneiden,
250 g grüne Bohnen (TK oder frisch)	in kleine Stücke schneiden.
1 Karotte	
150 g Sellerieknolle	schaben, in dünne Scheiben schneiden,
1 dünne Stange Lauch	putzen, in feine Rollen schneiden.
	Die Graupen, Kartoffeln und das Gemüse in der Rindfleischbrühe etwa 8 Minuten kochen. Dann den Lauch dazu geben, weitere 5 Minuten kochen, bis alles bissfest ist. Mit
Salz, Pfeffer, evtl. Suppengewürz	abschmecken. Das Rindfleisch in kleine Würfel schneiden und zur Suppe geben.

Überstreuen Sie das Gericht mit gehackter Petersilie oder Schnittlauchröllchen und servieren Sie Graubrot dazu.

Weingarten

Hörnlestopf

500 g Lauch	putzen, halbieren, in 2 cm breite Ringe schneiden.
1 Zwiebel	würfeln,
1 Bund Petersilie	hacken,
2 EL Öl	erhitzen, darin
250 g Hackfleisch (gemischt)	mit den Zwiebeln krümelig anbraten. Petersilie und Lauch dazugeben, mit
½ TL Salz	
½ TL Paprika (edelsüß)	und etwas
Pfeffer	würzen, mit
1 l Gemüsebrühe	auffüllen.
250 g Teigwaren (Hörnle)	ungekocht darüber geben, alles umrühren und zugedeckt 10 Minuten kochen.
½ Sellerieknolle (etwa 200 g)	in kleine Stifte schneiden, dazugeben und alles zusammen weitere 10 Minuten bei schwacher Hitze garen. Umrühren, abschmecken und servieren.

Schlosspark Gemmingen

Hubertus Bildstock in Zeutern

Rosenkohlauflauf

1 kg Rosenkohl	die gelben Blättchen entfernen, Röschen waschen, in
1 l Salzwasser	circa 10 Minuten kochen, abgießen, abtropfen lassen.
1 große Zwiebel	in Würfel schneiden, in
50 g Butter	glasig dünsten,
250 g gekochter Schinken	in Würfel schneiden, dazugeben.

Soße

3 Knoblauchzehen	pressen und mit
250 g Sauerrahm	
1 Ei	verrühren.
250 g Käse (gerieben)	untermischen, mit
Salz, Pfeffer, Muskat	würzen.

Auflauf

Rosenkohl	in eine gebutterte Auflaufform geben, mit dem
Zwiebel-Schinken-Gemisch	bestreuen und mit
Soße	übergießen. Im vorgeheizten Backofen bei 180 °C etwa 20 Minuten überbacken.
½ Bund Schnittlauch	in Röllchen schneiden und darüber streuen.

Dieser Auflauf kann auch mit Blumenkohl, Kohlrabi oder anderem Gemüse zubereitet werden.
Servieren Sie als Beilage Petersilien- oder Salzkartoffeln.

Fachwerkhaus in Zeutern

Schinkennudeln

500 g Hörnle oder Makkaroni	nach Vorschrift abkochen, abgießen, abschrecken.
1 Zwiebel	würfeln,
½ Bund Petersilie	fein hacken,
2 EL Margarine	in einer Pfanne erhitzen, Zwiebel und Petersilie darin dämpfen.
250 g Fleischwurst	in Würfel schneiden, zugeben und kurz anrösten.
	Die Nudeln zufügen, alles mischen, kurz durchbraten.
1 EL Schnittlauchröllchen	überstreuen und servieren.

Als Variante können Sie noch zwei geschlagene Eier und 100 g geriebenen Käse über das Gericht geben. Als Beilage servieren Sie Blattsalat.

Zucchiniauflauf mit gekochten Kartoffeln

600 g Kartoffeln	kochen, erkalten lassen, grob raspeln.
600 g Zucchini	halbieren, Kerne entfernen, grob raspeln.
200 g Hartkäse	fein reiben,
250 g gekochter Schinken	in feine Würfel schneiden,
3 Stängel Petersilie	abzupfen, fein hacken,
1 Knoblauchzehe	fein würfeln. Alle Zutaten gut vermischen, mit
½ TL Salz	
Pfeffer und Muskat	würzen.
3 EL süße Sahne	darunter mischen.
	Eine Auflaufform mit Butter ausfetten. Zutaten einfüllen, in vorgeheiztem Backofen bei 200 °C etwa 45 Minuten backen. Danach mit Schnittlauchröllchen oder Petersilie bestreuen und heiß servieren.

Pause von der Weinlese

Lasagne mit Hackfleisch (al forno)

Hackfleischfüllung

2 EL Öl	erhitzen,
1 Zwiebel	würfeln, darin dämpfen.
1 Knoblauchzehe	klein hacken und
300 g Hackfleisch	
50 g Rauchfleischwürfelchen	zugeben und krümelig anbraten, mit
Salz, Pfeffer, Paprika (edelsüß)	würzen, mit
200 ml Gemüsebrühe	ablöschen.
8 Tomaten	enthäuten, vierteln,
1 Karotte	
½ Stange Bleichsellerie	in kleine Würfel schneiden,
1 EL gehackte Kräuter (Liebstöckel, Oregano, Estragon, Kerbel, Petersilie)	und das Gemüse zugeben und 15 Minuten kochen lassen.

Bechamel-Soße

50 g Butter	erhitzen, darin,
50 g Mehl	hell rösten, mit
500 ml Milch	ablöschen, mit dem Schneebesen rühren bis es kocht, mit
½ TL Salz	und
Pfeffer	würzen.

Hopfen und Malz – Gott erhalt's

Lasagne

	Eine Auflaufform mit Butter ausfetten,
Hackfleischsoße	im Wechsel mit
250 g Lasagne-Blätter (ohne Vorkochen)	in die Form einschichten (mit Soße beginnen, mit Soße abschließen).
Bechamel-Soße	darüber geben,
125 g Käse (gerieben)	überstreuen. Im vorgeheizten Backofen bei 200 °C etwa 45 bis 50 Minuten zugedeckt backen.

Als einfachere Variante können Sie anstelle der frischen Tomaten auch zwei Dosen Pizzatomaten verwenden. Statt der Bechamel-Soße können zwei Becher Schmand mit Pfeffer und Salz verrührt darüber gegeben werden. Servieren Sie dazu Blattsalat.

Blick auf die Ravensburg in Sulzfeld

Burg Steinsberg

Nudelauflauf mit Gemüse

Vorbereitung

250 g Teigwaren (z. B. Spiralen)	bissfest abkochen.
1 roter Paprika	
1 gelber Paprika	in Würfel schneiden,
250 g Champignons	putzen, in Scheiben schneiden.

Hackfleischgemisch

1 Zwiebel	
100 g Rauchfleisch	würfeln,
1 Knoblauchzehe	hacken,
2 EL Öl	erhitzen, darin Rauchfleisch, Zwiebel, Knoblauch und
400 g Hackfleisch (gemischt)	krümelig anbraten. Mit
½ TL Salz, Pfeffer, Paprika (edelsüß)	würzen, die Champignons und Paprikas zugeben und alles 5 Minuten garen.

Auflauf

	Die Hälfte der Hackfleischmasse und die Nudeln in eine gefettete Auflaufform schichten. Darüber den Rest der Hackfleischmasse und
100 g Emmentaler (gerieben)	verteilen.
100 g Schmand oder Sauerrahm	
4 EL Milch	
1 Prise Salz und Pfeffer	verrühren und darüber gießen. Circa 20 Minuten bei 180 °C backen.

Servieren Sie dazu Blattsalat.

Burg Steinsberg in Sinsheim-Weiler

Überbackener Fenchel

Vorbereitung

4 große Fenchelknollen	die grünen Blätter entfernen, waschen und in feine Streifen schneiden. Beiseite stellen. Die Fenchelknollen waschen, putzen, der Länge nach halbieren.
75 ml badischer Weißwein (trocken)	
75 ml Wasser	mit
¼ TL Salz	und
Pfeffer (weiß)	aufkochen, Fenchelknollen dazugeben, etwa 15 Minuten darin weich kochen. Anschließend abgießen und den Sud für die Soße verwenden.

Soße

125 ml Sahne	
100 g Parmesankäse (gerieben)	
die Fenchelblätter (geschnitten)	und
1 EL Haferflocken	mit dem Sud verrühren.

Auflauf

	Die Fenchelhälften mit der Schnittfläche nach unten in eine mit Butter ausgefettete Auflaufform setzen.
2 Fleischtomaten	enthäuten, in Würfel schneiden und zwischen dem Fenchel verteilen. Mit der Soße übergießen. Im vorgeheizten Backofen bei 200 °C etwa 25 Minuten backen und heiß servieren.

Reichen Sie dazu Petersilienkartoffeln.

Weg zum Aalkistensee

Bärlauchpesto

200 g Bärlauchblätter	waschen, trocken schütteln, im Mixer pürieren,
½ TL Pfeffer (schwarz)	
½ TL Salz	zugeben, nach und nach
200 ml Olivenöl	zufügen, mixen.
100 g Pinienkerne	in einer Pfanne ohne Fett rösten, abkühlen lassen und fein hacken. Alle Zutaten im Mixer zu einer geschmeidigen Paste verarbeiten.
100 g Parmesan	fein reiben und unter die Paste ziehen.
	Pesto in ein Schraubglas füllen, immer wieder andrücken, es sollte keine Luftbläschen geben. Das Glas bis zum Rand mit Olivenöl anfüllen, verschließen und im Kühlschrank aufbewahren.

Bärlauch-Pesto lässt sich im Kühlschrank mehrere Wochen aufbewahren und schmeckt delikat auf Nudeln oder auch als Brotaufstrich.

Der Bärlauch – uraltes Geschenk der Götter

Der stark nach Knoblauch duftende Bärlauch, früher bei uns »Zigeunerkraut« genannt, sprießt im Frühjahr massenhaft in unseren Wäldern. Der bereits bei den Germanen geschätzte, wegen seiner Heilkraft verehrte und in der Edda* gepriesene grüne Lauch, erfreut sich auch in heutiger Zeit immer größerer Beliebtheit. In der Volksheilkunde wird er zur Blutreinigung, der Pflege des Darms, bei stoffwechselbedingten Hautausschlägen, aber auch bei Herz- und Magenbeschwerden empfohlen. Seine Wirkung ist antibakteriell, blutdruck- und cholesterinsenkend, gefäßerweiternd und stoffwechselfördernd.

Deshalb sollte man, wenn man die Möglichkeit dazu hat, den Bärlauch in der heimischen Küche verwenden. Dieses Wildgemüse wird heute ab März sogar auf dem Gemüsemarkt angeboten. Man kann ihn – fein geschnitten

Brettener Hundle

– als Würzbeilage in Hackfleischgerichten, Spätzle, Omelett, Pilzgerichten oder auch für Suppen und Kuchen verwenden. Selbst beim Metzger gibt es mittlerweile Bärlauch-Lyoner und beim Bäcker sogar Bärlauchbrot.

Schön ist es, wenn man von einem Waldspaziergang dieses wohlschmeckende und äußerst gesunde Gemüse mit nach Hause bringen kann. Allerdings sollte man beim Sammeln aufpassen, dass man die Pflanze nicht mit den giftigen Maiglöckchen verwechselt. Hierbei sind verschiedene Unterscheidungskriterien hilfreich: Der Bärlauch bevorzugt schattig-feuchte Misch- und Auenwälder oder auch nährstoffreiche Lehmböden in Mulden und Talgründen. Die Blätter können bei milden Temperaturen bereits im Februar, spätestens aber Mitte März erscheinen. Sie kommen direkt aus der Zwiebel und sind an der Oberseite glatt und dunkelgrün. Die Maiglöckchen finden sich dagegen erst im April in lichten Wäldern. Die beiden Blätter der Maiglöckchenpflanze winden sich erst nach einigen Zentimetern aus einem Blattstiel kommend, und sind hellgrün glänzend.

Wo der Bärlauch gedeiht, kommt er massenhaft vor, gleich einem grünen Teppich. Um eine Verwechslung zu vermeiden und dieses gesunde Gemüse immer frisch zur Verfügung zu haben, wird der Bärlauch in manchen Hausgärten angepflanzt.

Gleich nach der Ernte gewaschen, hält er sich einige Tage im Kühlschrank oder an einem anderen kühlen Ort. Wenn man zu große Mengen geerntet hat, lässt er sich zu einer feinen Pesto verarbeiten und, gut verschlossen, mehrere Wochen im Kühlschrank aufbewahren.

*Edda – germanische Göttersage

Bärlauch im Burgwäldle in Ruit

Mössnermühle in Ruit

Waltrauds Krautwickel
(ergibt etwa 15 Krautwickel, für 6 bis 8 Personen)

1 Kopf Weißkraut (etwa 2 kg)	den Strunk möglichst tief herausschneiden und beiseite legen, den Krautkopf in
4 l Wasser mit 1 TL Salz	etwa 10 Minuten kochen, bis sich 15 unbeschädigte Blätter ablösen lassen. Dazu den Krautkopf aus dem Wasser nehmen. Das Kochwasser beiseite stellen.
	Den Rest des Krautkopfes und den Strunk fein hacken bzw. mit der elektrischen Küchenmaschine raspeln.

Füllung

20 g Butterschmalz	erhitzen,
1 große Zwiebel	
60 g Rauchfleisch	würfeln und hellgelb rösten,
1 Bund Petersilie	und
2 Knoblauchzehen	fein hacken, dazugeben und kurz mitdämpfen.
1 kg Hackfleisch (gemischt)	
3 EL Haferflocken (fein)	
½ TL Salz	
Pfeffer (weiß, gemahlen)	
Muskat (gemahlen)	mit den Zutaten und dem rohen, gehackten Kraut vermischen und zu einem Teig verarbeiten. Von diesem Fleischteig zwei große Löffel in die Mitte eines Krautblattes setzen und in die Blätter einwickeln.
2 EL Butterschmalz	erhitzen, darin nach und nach die Wickel von allen Seiten anbraten und anschließend in eine Kasserolle setzen.

Einfachere Variante: Einen Fleischküchleteig in die Krautblätter wickeln und vom Rest des Krautkopfes Krautsalat zubereiten.

Krautwickel mit Beilage

Soße

1 EL Tomatenmark	in das verbliebene Bratfett einrühren, mit
1 l Kochwasser	ablöschen.
1 geh. EL Suppengewürz	zufügen, aufkochen, mit
Salz und Pfeffer	abschmecken und über die Krautwickel gießen.
	Im Backofen bei 200 °C etwa eine Stunde zugedeckt schmoren. Die Krautwickel herausnehmen, die Soße nach Belieben andicken und getrennt dazu reichen.

Zum Andicken der Soße rühre ich einen Löffel Mehl mit etwas Kaffee an und gebe dies in die kochende Soße. Servieren Sie zu diesem Gericht Salzkartoffeln oder Kartoffelbrei.

Lizzis Gemüsepesto

1 kg Paprika (bunt)	
200 g Karotten	
200 g Zwiebel	
½ Petersilienwurzel	
½ Sellerieknolle	in kleine Würfel schneiden,
600 g Tomaten	enthäuten, in Würfel schneiden. Alle Zutaten mit
1 EL Salz	und
50 ml Öl	aufkochen, heiß in Schraubgläser füllen und verschließen, 1 Stunde auf den Deckel stellen. Kühl lagern.

Wenn man eine größere Menge Gemüse verarbeitet, sollte man die Gläser im Backofen mit etwas Wasser (in der Fettpfanne) bei 150 °C 30 Minuten sterilisieren. Auf diese Weise hält das Pesto einige Jahre.
Es schmeckt delikat zu Spaghetti und Nudeln oder als Beilage zum Vesper.

Lerchennest in Steinsfurt

Bärlauch-Auflauf

Vorbereitung

300 g Bärlauchblätter	waschen, in
2 l Wasser mit ½ TL Salz	blanchieren, abgießen, in feine Streifen schneiden.
600 g Kartoffeln	kochen, schälen, in Scheiben schneiden.
1 Zwiebel	in Würfel schneiden,
2 EL Butter	in einer großen Pfanne erhitzen, darin die Zwiebel hellgelb dünsten, den Bärlauch zugeben und etwa 3 Minuten mitdämpfen, die Kartoffeln untermischen, mit
½ TL Salz	
Pfeffer und Muskat	würzen.

Soße

250 ml Sahne	
1 Ei	verrühren, mit
½ TL Salz, Pfeffer	würzen.

Ersetzen Sie den Bärlauch zur Hälfte mit Brennnesseln oder Spinat, dann ist der Geschmack nicht so intensiv.

Auflauf

Bärlauch-Kartoffel-Gemisch	in eine gefettete Auflaufform schichten, mit
Sahnesoße	übergießen,
100 g Käse (gerieben)	überstreuen und im vorgeheizten Backofen 20 Minuten bei 200 °C backen.

Alte Schule in Gochsheim

Nicoles Bärlauchkuchen

Teig

½ TL Salz	
1 Prise Zucker	
80 ml Wasser (warm)	in eine große Tasse geben,
½ Würfel Hefe (20 g)	hineinbröseln, alles kräftig verrühren bis sich die Hefe aufgelöst hat. Zugedeckt etwa 10 Minuten aufgehen lassen.
250 g Mehl	in eine Schüssel geben und mit dem Hefegemisch und
80 ml Wasser (warm)	
75 ml Olivenöl	zu einem glatten Teig kneten. Zugedeckt an einen warmen Ort stellen, bis sich der Teig verdoppelt hat (etwa 30 Minuten).
	Danach den Teig ausrollen und ein großes, gefettetes Backblech, einschließlich dessen Rand damit auslegen. Teig nochmals 15 Minuten gehen lassen.

Belag

100 g Bärlauchblätter	abbrausen, trocken tupfen, die Stiele von den Blättern entfernen. Die Blätter in schmale Streifen schneiden, in einer Schüssel mit
3 EL Olivenöl	
¼ TL Salz	
Pfeffer (gemahlen)	vermengen. Der Bärlauch sollte überall mit Öl benetzt sein, damit er im Ofen nicht verbrennt.
400 g Schmand	mit
1 Prise Salz, Pfeffer und Muskat	verrühren und zuerst auf den Teig streichen.
2 Zwiebeln	
200 g geräucherter Schinken	in Würfel schneiden und auf dem Schmand verteilen. Zuletzt den Bärlauch darüber geben.
	Im vorgeheizten Backofen bei 190 °C circa 20 bis 25 Minuten backen.

Bärlauchkuchen

Fastnachtsküchle

Vorbereitung

1 Würfel Hefe	in eine Tasse bröseln, mit
5 EL Milch (lauwarm)	
1 TL Zucker, 1 TL Mehl	verrühren bis die Masse flüssig ist. Zugedeckt an einen warmen Ort stellen, bis sich der Vorteig verdoppelt hat.

Hefeteig

500 g Mehl	
50 g Zucker	
2 Eier, 1 Prise Salz	
70 g Butter (erwärmt)	in eine große Schüssel geben, Vorteig und
200 ml Milch (lauwarm)	zufügen und mit den Knethaken so lange kneten, bis der Teig glatt ist und Blasen schlägt. Den Teig zugedeckt an einen warmen Ort stellen, bis er sich verdoppelt hat. (etwa 1 Stunde). Anschließend den Teig auf ein bemehltes Backbrett geben und fingerdick ausrollen. Mit einem Glas fingerdicke Küchle ausstechen und zugedeckt 20 Minuten ruhen lassen.
2 l Öl	in einem weiten Topf oder Friteuse auf 170 °C erhitzen. Die Küchle mit der Oberseite zuerst ins Fett geben und auf jeder Seite circa 3 Minuten hellbraun backen. Herausnehmen und auf Küchenpapier entfetten.

Füllung

100 g Erdbeer- oder Aprikosenmarmelade	in eine Tortenspritze mit langer Tülle geben und jedes Fastnachtsküchle seitlich am weißen Rand damit befüllen.
3 EL Zucker	mit
1 TL Zimt	vermischen und die noch heißen Küchle damit bestreuen. Warm oder kalt servieren.

Reichen Sie dazu Vanille- und/oder Weinsoße (Rezept S. 197). Variieren Sie, indem Sie einige der Küchle mit Eierlikör füllen.

Fastnachtsküchle

Grießknöpfle (Grießschnitten)

1 l Milch	
40 g Butter	
1 Prise Salz	
Muskat	zum Kochen bringen,
300 g Grieß	langsam zugeben und zu einem dicken Brei rühren, der sich vom Topfboden lösen muss. Den Teig etwas erkalten lassen, dann
2 Eier	unterrühren. Die Grießmasse auf ein befeuchtetes Backbrett streichen und mit dem ins Wasser getauchten Wellholz 1 cm dick auswellen. Nach dem Erkalten in rechteckige Stücke schneiden.
1 Ei	verquirlen, die Grießschnitten darin wenden, in
2 EL Butterschmalz	auf beiden Seiten goldgelb backen.
1 EL Zucker	
½ TL Zimt	mischen und die Griesschnitten vor dem Anrichten damit bestreuen.

Reichen Sie dazu Kompott oder eingewecktes Obst.

Kartäuserklöße

6 große, trockene Brötchen	Kruste abreiben und vierteln.
3 Eier	
2 EL Zucker	verrühren,
½ l Milch (warm)	zugeben, darin Brötchen einweichen, bis sie gut durchweicht sind. In
8 EL Paniermehl	wenden.
3 EL Fett	erhitzen, darin die Klöße hellbraun herausbacken.
1 TL Zimt	
2 EL Zucker	mischen und über die Klöße streuen.

Mühlbacher See

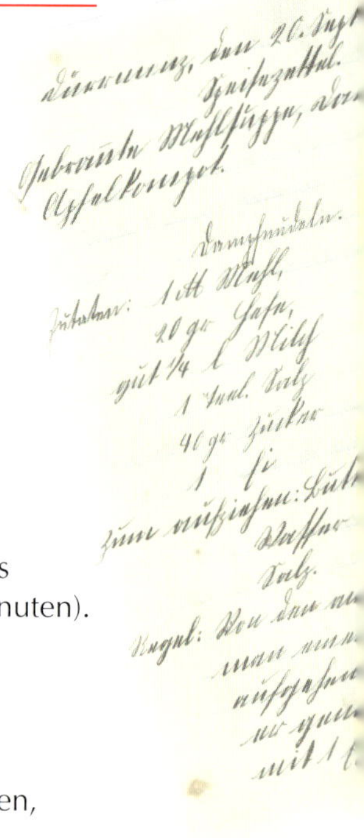

Dampfnudeln

Dieses Rezept ergibt 12 bis 14 Dampfnudeln.

1 Würfel Hefe	und
6 EL Milch (warm)	mit
1 TL Zucker	in einer Tasse zusammen verrühren, zugedeckt an einen warmen Ort stellen, bis sich die Masse verdoppelt hat (circa 10 Minuten).
500 g Mehl	in eine Schüssel geben, den Vorteig in die Mitte geben,
½ TL Salz	
250 ml Milch (warm)	zufügen, mit dem Knethaken so lange rühren, bis sich der Teig von der Schüssel löst.
	Den Teig aus der Schüssel nehmen und so lange mit den Händen kneten, bis er nicht mehr klebt. Eventuell noch etwas Mehl einarbeiten. Der Teig muss ganz glatt sein.
	Den Teig in einer großen Schüssel mit gut verschließbarem Deckel an einen warmen Ort stellen und etwa 1 Stunde gehen lassen, bis er die doppelte Größe erreicht hat.
	Danach mit einem Löffel kleine Küchlein abstechen und mit leicht bemehlten Händen zu tennisballgroßen Kugeln formen. Auf eine Platte setzen und zugedeckt 15 Minuten gehen lassen.
1 EL Schweineschmalz	in einer Pfanne (mit gut sitzendem Deckel) erhitzen, Dampfnudeln im Abstand von 2 bis 3 cm hineinsetzen.
½ TL Salz	in
125 ml Wasser (heiß)	einrühren und in die Pfanne gießen, Deckel sofort auflegen.
	Energiezufuhr zur Hälfte zurückschalten, 8 bis 12 Minuten dämpfen lassen. Erst dann, wenn die Dampfnudeln beginnen zu rösten und das Wasser verdampft ist, den Deckel schnell entfernen. (Darauf achten, dass kein Wasser in die Pfanne tropft) Mit der Backschaufel herausnehmen und sofort servieren.

Lehmbackofen um 1500

Dommpfnuudel

Die grous Eisepfonn, ich wais noch genau
Die henn miir alls Kinna vereerd,
Waar auserum schwarz unn innedrinn blau
Waar offd uffem dommpfende Heerd

Obb greeschde Kardoffel, de Broode forrs Feschd
Die Reschde fumm Giggel midd Soos
Doch Dommpfnuudel, waare forr miich s'Allergreeschd
Die Grischdlinn sou reesch unn sou gross

Dezuu noch e Woisous, unn dii hodd geduffd
D' Wonnillsous waar nedd sou arrg gschiggd
Beim Dommpfnuudelesse, ja doo hebb iich gschufft
Unn meena als zwai Schdigg verdriggd.

Du nemmsch zwai Pfund Mehl, zwee Essleffl Salz
Enn Becha voll Milich, e Ai
Dezuu noch enn Dubbfa fumm Haffe midd Schmalz
Unn d'Heef isch nadiierlich debai.

De Daig mechsch sou lonng, biss deer nimmi babbd,
Unn donn leschen gee, schdechschen aus
Mimm oigmeelde Glas, werrsch see, wiie des klabbd
Unn donn kumme d'Dommpfnuudel raus.

Unn donn nemmsch moi Pfonn, unn jezz bass aa uff
Wonns Salzwassa kochd middem Fedd
Die Dommpfnuudel noi, de Deggel schnell druff
Wonn's grachd, dusch si raus uffe Bredd.«

Text: Peter Weickgenannt, Kraichtal (Auszug aus dem Dampfnudellied, zur Verfügung gestellt von der Gruppe Tandaradei)

Siegfriedsbrunnen in Odenheim

Waltrauds Kirschenplotzer

Weil man die Kirschen in den Teig »neiplotze«, also hineinfallen ließ – wurde der Name »Kirschenplotzer« populär.

150 g Margarine	
180 g Zucker	
5 Eier	
1 Prise Zimt	
1 Prise Nelken	
Saft von einer Zitrone	
3 EL Obstschnaps	schaumig rühren.
200 g Zwieback	mit der Mandelmühle mahlen, mit
1 Pck. Backpulver	mischen, mit
100 g Hartweizengrieß	
100 g Mandeln (gemahlen)	in den Teig einrühren.
1 kg Kirschen	entsteinen und dazugeben. Eine runde Backform mit Butter ausfetten, mit
1 EL Mandeln (gemahlen)	ausstreuen, den Teig einfüllen. Bei 175 °C etwa 60 Minuten backen und heiß servieren.

Wird als Mittagessen mit warmer Vanille- oder Weinsoße (Rezept S. 197) serviert. Der Auflauf schmeckt auch kalt zu Kaffee und Tee.

Renates Kirschauflauf (Kirschenplotzer-Variante mit Brötchen)

200 g Butter	
200 g Zucker	
5 Eigelb	schaumig rühren,
2 EL Kirschwasser	
1 Msp. Zimt	
1 Prise Nelken (gemahlen)	
100 g Mandeln (gerieben)	
4 EL Sahne	hinzufügen.
4 trockene Brötchen	in
¼ l Milch	einweichen, ausdrücken, ohne Milch zum Teig geben, alles gut verrühren.
750 g Kirschen	entsteinen.
5 Eiweiß	zu Schnee schlagen, zuerst die Kirschen, dann den Schnee vorsichtig unter den Teig heben. Eine Springform mit Butter ausfetten, Form mit
1 EL Semmelbrösel	ausstreuen, den Teig einfüllen und bei 200 °C circa 60 Minuten backen.

Schupfnudeln (Buwespitzle)

1 kg Kartoffeln (am Vortag abgekocht)	reiben, mit
1 Ei	und etwa
100 g Mehl	
Salz und Muskat	zu einem festen Teig verarbeiten und portionsweise zu einer 2 cm dicken Wurst rollen.
	Von der Wurst 1 cm große Stücke abschneiden und diese mit der Handfläche zu fingerdicken Röllchen formen, diese in
2 l Salzwasser	ziehend, bis sie an die Oberfläche kommen (circa 5 Minuten), abkochen. Mit dem Schaumlöffel herausnehmen, abtropfen lassen. Schupfnudeln auf einer Platte ausbreiten bis sie gut abgetrocknet sind.
2 EL Margarine	erhitzen, darin die Schupfnudeln anbraten und heiß servieren.

Man erzählt, der Name »Buwespitzle« komme daher, weil früher die kleinen Jungs beim Herstellen Modell gestanden haben.

Im Kraichgau wurden die Buwespitzle hauptsächlich zu Apfelbrei gegessen. Inzwischen serviert man sie allerdings häufiger zu Feldsalat. Reichen Sie die Schupfnudeln auch zu Sauerkraut; im schwäbischen werden sie auch unter das Sauerkraut gemischt serviert.

Aalkistensee

Blick auf den »Dom des Kraichgaus« in Östringen

Saure Kutteln

Der Begriff Kutteln kommt aus dem Lateinischen »calduna« (Eingeweide), und wurde im Deutschen mit Kaldaunen übersetzt. Die Schwaben machten dann einfach »Kutteln« daraus. Kutteln werden meist aus dem Pansen oder aus dem Netzmagen hergestellt. Besonders zart sind Kutteln vom Kalb, die Gekröse genannt werden. Früher waren »Kutteln« ein typisches Arme-Leute-Essen, heute sind »Saure Kutteln« eine traditionelle badisch-schwäbische Spezialität, die sich inzwischen wieder einer hohen Beliebtheit erfreut. Bei uns kann man die Kutteln vorbereitet beim Metzger kaufen, so dass man sich die Arbeit des Säuberns und stundendlangen Garens in Essig-Salzwasser ersparen kann.

1 kg Kutteln (vorbereitet vom Metzger)	waschen, in schmale Streifen schneiden.
2 EL Butterschmalz	erhitzen, darin
3 EL Mehl	hellbraun anrösten,
2 Zwiebeln	würfeln, etwa 5 Minuten mitrösten, mit
1 EL Weinessig	
500 ml Fleischbrühe	ablöschen.
1 Lorbeerblatt	
1 Nelke	
Pfeffer (weiß)	
Saft ½ Zitrone	
3 EL Weißwein (trocken)	zufügen und alles etwa 30 Minuten köcheln lassen.
3 EL saure Sahne	einrühren, mit
Salz und Pfeffer	abschmecken.
½ Bund Petersilie	fein hacken und überstreuen.

Wenn Sie vor dem Ablöschen zwei Esslöffel Tomatenmark zufügen, erhalten Sie eine andere Geschmacksnote.
Saure Kutteln werden traditionell mit Bratkartoffeln gegessen.

Über Kürnbach nach Sternenfels oder lieber in Richtung Ochsenburg?

Laubfrösche

20 große Spinatblätter	waschen, Stiele entfernen, kurz in kochendes
Wasser	tauchen und auf einer Arbeitsplatte ausbreiten.

Füllung

3 Brötchen (vom Vortag)	in Scheiben schneiden, in
150 ml Milch	einweichen, ausdrücken und zerkleinern.
30 g Butter	erhitzen,
1 Zwiebel	würfeln und hellgelb dämpfen.
3 Zweige Petersilie	fein hacken,
½ Bund Schnittlauch	in Röllchen schneiden, alle Zutaten mit
250 g Bratwurstbrät	vermengen, mit
½ TL Salz	
Pfeffer und Muskat	würzen. Je einen Esslöffel der Füllung auf zwei Spinatblätter verteilen, die Blätter nach unten schließen und in eine gebutterte Form setzen.
75 ml Fleisch- oder Gemüsebrühe	zugeben und im Backofen bei 200 °C in etwa 20 Minuten gar dünsten. Die Laubfrösche herausnehmen, warm stellen.

Soße

2 Eigelb	
3 EL saure Sahne	verrühren, die übrig gebliebene Flüssigkeit damit binden, mit
Salz und Pfeffer	abschmecken. Die Laubfrösche wieder in die Soße setzen und servieren.

Zur Verfügung gestellt von: Frau Jaggy, Gasthaus »Kanne Post« in Knittlingen

Damit die Laubfrösche oben grün bleiben, dürfen sie nicht gewendet werden. Servieren Sie als Beilage Kartoffelbrei und grünen Salat.

Dorffest Ruit 1994

Die ehemalige Posthalterei in Knittlingen

Im Jahre 1490 richtete der Italiener Franz von Taxis die erste feste Postverbindung zwischen den beiden kaiserlichen Residenzen Innsbruck und Mecheln in Flandern (bei Brüssel) ein. Dies geschah im Auftrag des Kaisers Maximilian I. und diente hauptsächlich der Beförderung kaiserlicher Nachrichten und Dokumente.

Diese Postroute führte im heutigen Baden-Württemberg entlang der alten Römerstraße von Ulm, über Cannstatt, dem Sitz des Hauptpostmeisters in Südwestdeutschland, quer durch den Kraichgau über Knittlingen und Bruchsal nach Rheinhausen. Dort überquerte man den Rhein nach Speyer, der Stadt mit einer kaiserlichen Pfalz (Palast) und einem heute noch sehr gut erhaltenen gewaltigen Dom.

Die im Abstand einer Tagesreise eingerichteten Poststationen bekamen Gasthäuser, Herbergen und Pferdewechselstationen, die nicht selten über 100 Pferde vorhielten. Dadurch erlangten sie eine wichtige wirtschaftliche Bedeutung.

So kann das Gasthaus zur »Kanne Post« in Knittlingen auf eine sehr lange Tradition zurückblicken. Das Gasthaus ist noch heute sehr traditionsbewusst und bietet schwäbische Spezialitäten und Weine, zum Teil von eigenen Weinbergen, an.

Postreiter

Siedfleisch mit Soßenvariationen

Siedfleisch

1 Karotte	
1 dünne Stange Lauch	
¼ Sellerieknolle	
½ Bund Petersilie	
1 Tomate	
1 Knoblauchzehe	grob zerkleinern.
1 Stängel Liebstöckel	
1 Lorbeerblatt	
3 Pfefferkörner	
1 Zweig Thymian	
½ TL Senfkörner	
3 Wacholderbeeren	alle Zutaten in
1 l Wasser	aufkochen.
750 g Rindfleisch aus der Brust oder Tafelspitz	kalt abwaschen und in die kochende Brühe geben, circa 30 Minuten köcheln lassen,
1 TL Salz	zufügen und weitere 60 Minuten garen.
	Das Fleisch herausnehmen, Brühe durch ein Sieb geben, beiseite stellen. Das Fleisch gegen die Fleischfaser in Scheiben schneiden und warm stellen.

Meerrettichsoße: Nehmen Sie anstatt frischem Meerrettich ein Gläschen (135 g) Tafelmeerrettich. Der Meerrettich wird in die Mehlschwitze eingerührt und dann mit Milch und Fleischbrühe abgelöscht. Es genügt dann, wenn man die Soße fünf Minuten mäßig kocht.

Kochen beim Peter- und Paul-Fest

Meerrettichsoße

1 Stange Meerrettich	waschen, schaben und reiben, sofort mit
100 ml Milch (kalt)	übergießen (damit er sich nicht verfärbt).
50 g Butter	erwärmen, darin
50 g Mehl	gelb rösten, den Meerrettich mit der Milch zugeben, mit dem Schneebesen verrühren.
400 ml Fleischbrühe	
400 ml Milch	unter Rühren mit dem Schneebesen nach und nach zufügen, 10 Minuten mäßig kochen lassen.
3 Eigelb	
1 Prise Zucker	mit etwas Meerrettichsoße verrühren und in die Soße einrühren, mit
Salz und Pfeffer	abschmecken. Nicht mehr kochen lassen.
3 Eiweiß	
1 Prise Salz	zu Schnee schlagen und unter die Meerrettichsoße heben. Sofort zusammen mit dem Fleisch servieren.

Serwieren Sie dazu Salzkartoffeln mit Rote-Bete-Salat oder süß-saure Gurken.

Dillsoße

50 g Butter	erhitzen, darin
3 EL Mehl	gelb rösten, mit
1 l Fleischbrühe	ablöschen
1 Bund Dill	fein hacken und dazugeben, mit
1 – 2 EL Essig	
1 Prise Zucker	
Salz und Pfeffer	abschmecken und zum Siedfleisch servieren.

Storchennest in Ubstadt

Ruiter Maultaschen (ergibt 24 Maultaschen)

Bei jedem Ruiter Dorffest werden Maultaschen nach diesem Rezept gekocht. Das Rezept stammt von meiner Mutter.

500 g Nudelteig	(vom Bäcker) oder selbst herstellen aus:
5 Eier	
½ TL Salz	
1 EL Öl	
5 EL Wasser	verrühren, nach und nach
500 g Mehl	untermischen und gut verarbeiten.
	Den Teig auf dem Backbrett so lange kneten, bis er beim Durchschneiden kleine Löcher zeigt. Den Teig in 2 Stücke teilen, rund formen, abdecken und mindestens 1 Stunde ruhen lassen.

Füllung

3 Brötchen (vom Vortag)	in Würfel schneiden, mit
3 Eier	und
½ TL Salz, Pfeffer, Muskat	verrühren und über die Brötchen gießen, etwa 1 Stunde einweichen lassen.
150 g Krakauerwurst	in Würfel schneiden, zusammen mit
150 g Rauchfleischwürfel	in einer Pfanne auslassen, zu den Brötchen geben.
1 Zwiebel	würfeln,
1 Stange Lauch	halbieren, in feine Streifen schneiden und zusammen mit den Zwiebeln in dem verbliebenen Bratfett dünsten.
1 Bund Petersilie	
3 Blätter Liebstöckel	
1 Knoblauchzehe	fein hacken, kurz mitdünsten. Alle Zutaten mit
250 g Hackfleisch (gemischt)	
200 g Kalbsbrät	gut verkneten.

Altes Rathaus in Derdingen

Maultaschen herstellen

Jede der zwei Teighälften zu einem hauchdünnen 33 x 60 cm großen Rechteck auswellen (gekaufter Teig ist bereits ausgewellt), in Rechtecke von 11 x 15 cm teilen (ergibt 12 Stück). Auf jedes Rechteck einen gehäuften Esslöffel der Fülle setzen.

Die Teigränder mit Wasser einpinseln, den Teig übereinander klappen und festdrücken. Die Maultaschen in

4 l Salzwasser — etwa 15 Minuten (gekaufter Teig 10 Minuten) ziehen lassen. Mit dem Schaumlöffel herausnehmen und auf einem Sieb abtropfen lassen.

Verwenden Sie für den Nudelteig nur Eier mit Zimmertemperatur. Auch die Arbeitsfläche sollte nicht kalt sein. Ideal zum Auswellen des Teiges ist eine Holzfläche als Untergrund.
Den original schwäbischen Maultaschen wurden früher als Fleischzugabe nur zerkleinerte Kochfleisch- und Bratenreste beigemengt. (Die sparsamen Schwaben!)

Schwäbische Maultaschen, gebacken

Maultaschen ...

... sind eine typisch schwäbische Spezialität. Jede Hausfrau hat »ihr« Rezept. Es wurde seit Generationen von der Mutter auf die Tochter vererbt. Im Kraichgau war es Sitte, am Gründonnerstag so um die hundert Maultaschen herzustellen. Donnerstags wurden sie in einer guten Fleischbrühe serviert und am Karfreitag hat man sie angebraten, mit in Butter gedünsteten Zwiebelringen abgeschmälzt und mit Kartoffel- und grünem Salat serviert. Der Rest wurde portionsweise eingefroren, damit man, wenn man keine Zeit zum Kochen hatte, darauf zurückgreifen konnte.

Es gibt viele Möglichkeiten die Maultaschen zu servieren: man kann sie mit einer Tomaten- oder Pilzsoße anrichten, sie in Scheiben geschnitten oder auch im Stück anbraten, mit Ei, Kräutern und Käse überbacken und mit Salaten servieren. Der Fantasie sind hier keine Grenzen gesetzt.

Nach einer Sage sollen die Maultaschen so entstanden sein: Um die strengen Fastenregeln zu umgehen, verfielen die Mönche vom Kloster Maulbronn auf den Trick Fleisch, Schinken und Spinat klein zu hacken und mit Kräutern zu würzen. Damit der Duft nicht zum Himmel stieg, umgaben sie das alles mit Nudelteig. Diese Maulbronner Nudeltaschen wurden dann von den Schwaben in »Maultaschen« oder »Herrgottsbescheißerle« umbenannt.

Klosterbrunnen in Maulbronn

Stift Sunisheim in Sinsheim

Vegetarische Maultaschenfüllung mit Bärlauch

Ausreichend für 500 g Nudelteig, ein Grundrezept finden Sie auf Seite 82.

250 g Spinat	waschen, in
1 l Salzwasser	blanchieren, abtropfen lassen, grob hacken.
1 Stange Lauch	waschen, halbieren, in feine Streifen schneiden,
1 große Zwiebel	würfeln.
1 EL Butter	erhitzen, darin den Lauch mit den Zwiebeln dämpfen,
1 Bund Petersilie	fein hacken, zu dem Lauch und den Zwiebeln geben, kurz mitdämpfen.
3 Blätter Liebstöckel	
150 g Bärlauchblätter	die Stiele entfernen, die Blätter in schmale Streifen schneiden. Alle Zutaten mit
2 Eier	in einer Schüssel vermengen,
2 Brötchen (vom Vortag)	in Würfel schneiden, in
½ EL Butter	rösten, dazugeben, mit
Salz, Pfeffer, Muskat	würzen und die Füllung gut durchkneten.

Sollten Sie den Geschmack des Bärlauchs nicht mögen, können Sie den Bärlauch durch einen Teelöffel gehackten Thymian ersetzen.
Wirklich eine Wonn´das Leibgericht der Mönche aus Maulbronn!

Innenhof der Streichenburg in Stebbach

Renates Maultaschenfüllung mit Spinat

500 g Nudelteig	vom Bäcker oder selbst herstellen. (Rezept S. 82)

Füllung

250 g Hackfleisch	
200 g Kalbsbrät	vermischen.
250 g Spinat	in
1 l Salzwasser	blanchieren, abtropfen lassen und grob hacken.
1 EL Butter	erhitzen,
1 Brötchen (vom Vortag)	in Würfel schneiden und in der Butter rösten.
1 Bund Petersilie	hacken und kurz mitdämpfen. Alle Zutaten und
2 Eier	miteinander verkneten, mit
Salz, Pfeffer, Muskat	würzen.

Dieses Rezept ergibt 18 Maultaschen, wenn man den Teig in zwei 45 x 45 cm große Rechtecke auswellt und die Teigplatten in neun 15 cm große Quadrate teilt. Die gefüllten Quadrate werden über Eck zusammengeklappt, so dass ein Dreieck entsteht.

Bauer Emil Tobler mit Gespann um 1948

Streuobstwiesen

Giselas Maultaschenfüllung

Dieses Rezept ist ausreichend für 500 g Nudelteig. Ein Grundrezept finden Sie auf Seite 82.

200 g Schinkenwurst	in Würfel schneiden, in eine Schüssel geben.
2 EL Butter	erhitzen, darin
200 g Knödelbrot oder 4 trockene Brötchen (gewürfelt)	rösten,
1 Stange Lauch	halbieren, in feine Streifen schneiden,
1 TL Salz	zufügen, in
½ EL Butter	dämpfen, alle Zutaten mit
3 Eier	vermischen, mit
Salz, Pfeffer	würzen und alles gut verkneten.

Blaukissen

Das Kloster Maulbronn

Das Zisterzienserkloster in Maulbronn gilt als die am besten erhaltene mittelalterliche Klosteranlage nördlich der Alpen. In einer Urkunde aus dem Jahre 1148 wird bereits über den Bau eines Klosters auf dem Boden des damals Speyerischen Besitzes berichtet. Diese Gegend war zwar unwirtlich, bot aber für den Bau einer solchen Anlage die unbedingt notwendigen Voraussetzungen: Sandstein und ausreichend Holz. So konnte die Kirche, eine dreischiffige romanische Basilika, bereits im Jahre 1178 eingeweiht werden.

In der Klosteranlage vereinigen sich romanische und gotische Baustile in einer reizvollen Weise. Seine Blütezeit erlebte das Kloster im 15. Jahrhundert. Die Mönche legten außerhalb der Klosteranlage Fischteiche und Weinberge an und konnten sich durch den Betrieb einer Landwirtschaft selbst versorgen. Das Kloster war eine befestigte Anlage mit Wehrmauern, Wehrgängen und Wachtürmen. Im Innern befanden sich ein dreistöckiger Fruchtspeicher, eine Klosterschmiede, ein Wirtschaftshof und eine Mühle. Zu den wichtigsten Räumen gehört heute die Brunnenkapelle, einst der Waschraum der Mönche, mit einem wunderbaren dreischaligen Brunnen, dem Wahrzeichen des Klosters. Bis heute gibt es kein elektrisches Licht. In dieser einzigartigen Atmosphäre finden alljährlich die Klosterkonzerte in der Kirche statt.

Nach der Reformation kamen die Besitztümer an den Herzog Ulrich von Württemberg. Das Kloster wurde aufgelöst und die Mönche vertrieben. Sein Sohn, Herzog Christoph, richtete dann im Kloster eine Schule ein. Zu den bekanntesten Schülern zählen der Astronom Johannes Kepler, die Dichter Friedrich Hölderlin, Hermann Hesse und Justinus Kerner. Heute beherbergt das Kloster

Heiligenstatue in Östringen

ein altsprachliches Gymnasium. Seit 1993 steht diese vollständig erhaltene Klosteranlage als Weltkulturerbe auf der Liste der UNESCO.

Nach einer Sage sei ein Maulesel für die Wahl des Klosterstandorts verantwortlich gewesen. Auf der Suche nach Wasser soll dieser Esel eine Quelle entdeckt haben, auf deren Gebiet die elsässischen Zisterziensermönche ihr Kloster dann errichtet haben. So kam Maulbronn zu seinem Kloster und zu seinem Namen. Das Maultier, das aus einer Quelle trinkt, ziert heute das Wappen der Stadt Maulbronn.

Den Maulbronner Mönchen schreibt man auch die Erfindung der »Maultaschen« zu. Sie sollen, um auf Fleisch in den damals häufigen Fastenzeiten nicht verzichten zu müssen, dieses als würzige Fleischmischung in einem Nudelteig versteckt haben.

Klosteranlage Maulbronn

Sonnenuntergang im Kraichgau

Spätzle – des isch gwiß, bei manche Leut das beste Gemüs,
des esse net nur die Kraichgauer gern, sondern im ganze Land – besonders die Herrn!
Spätzle und Soß – einfach ganz groß!

Spätzle (Grundrezept)

500 g Mehl	
5 Eier	
1 TL Salz	und etwa
100 ml Mineralwasser	mit dem Knethaken des Handrührgerätes zu einem zähflüssigen Teig rühren, bis er Blasen schlägt.
	Ein Spätzlebrett in kaltes Wasser tauchen, 1 Schöpflöffel Teig auf das Brett streichen und mit einem breiten Messer längliche dünne Teigstreifen in
3 l Salzwasser (kochend)	schaben oder mit einem Spätzledrücker eindrücken. Sobald die Spätzle an der Oberfläche schwimmen, sofort mit einem Schaumlöffel herausnehmen, in kaltem Wasser schwenken und auf ein Sieb geben.
	Nach dem Abtropfen zum Servieren auf eine Platte geben. So fortfahren bis der Teig aufgebraucht ist.

Zum Anrichten

50 g Butter	in einem Kochtopf schmelzen,
2 EL Semmelbrösel	
etwas Salz	darin rösten und über die Spätzle geben.

Die Spätzle wurden vom Schwäbischen übernommen. Dort werden sie grundsätzlich vom Brett ins Wasser geschabt, wobei sie im Kraichgau überwiegend mit dem Spätzledrücker gedrückt oder mit dem Spätzlehobel ins Wasser gehobelt werden. Weder der »Schwob« noch der »Badener« kann ohne die Spätzle leben.

Getreideernte um 1950

Käsespätzle

Spätzle (Grundrezept S. 90)	herstellen aus
3 Eier	
1 TL Salz	
300 g Mehl	
50 ml Wasser	

Für den Belag

200 g Emmentaler oder Gouda	reiben,
2 Zwiebeln	in Ringe schneiden,
100 g Butter	erhitzen, darin Zwiebeln goldgelb braten.
	Mehrere Lagen Spätzle in ein feuerfeste Form schichten, dabei jede Lage mit Käse bestreuen, auf die letzte die Zwiebeln mit Butter verteilen. Etwa 10 Minuten im vorgeheizten Backofen überbacken,
1 Bund Schnittlauch	in Röllchen schneiden und vor dem Servieren überstreuen.

Geburtshaus Heckers in Eichtersheim

Margrits Gurkenspätzle

4 mittlere Zwiebel	würfeln,
2 EL Margarine oder Butter	erhitzen, darin die Zwiebel glasig dünsten,
200 g Speckwürfel (geräuchert)	dazugeben, auslassen, mit
3 – 4 EL Weinessig	ablöschen, warm stellen.
1 – 2 Schlangengurken	schälen, hobeln oder in schmale Streifen schneiden, mit
Salz, Pfeffer und 1 TL Senf	würzen, beiseite stellen und Wasser ziehen lassen. Inzwischen
Spätzle (Grundrezept S. 90)	herstellen aus
500 g Mehl	
5 Eier	
1 TL Salz	
100 ml Mineralwasser	Die heißen Spätzle in eine Schüssel geben, die Gurken und das Zwiebel-Speck-Gemisch kurz erhitzen und über die Spätzle verteilen,
200 g Schmand	unterheben und sofort servieren.

Dieser Eintopf ist eine Spezialität aus Zaisenhausen und wurde uns von Frau Bratzel, der Frau des Bürgermeisters, zur Verfügung gestellt.

Eseltreiber in Zaisenhausen

Prachtvolle Gurken

Krautspätzle-Auflauf mit Zwiebelbutter

Spätzle (Grundrezept S. 90)	zubereiten aus
350 g Mehl	
4 Eier	
½ TL Salz	
80 ml Mineralwasser	

Sauerkraut

2 EL Öl	erhitzen,
1 Zwiebel	würfeln und goldgelb rösten, mit
250 ml Gemüsebrühe	ablöschen,
800 g Sauerkraut	mit einer Gabel auflockern und dazugeben.
1 Apfel	raspeln.
1 Lorbeerblatt	
3 Wacholderbeeren	
5 Pfefferkörner	
½ TL Salz	und den Apfel zufügen. Nun etwa 20 Minuten kochen.

Zwiebelbutter

5 EL Butter	erhitzen,
1 große Zwiebel	in Ringe schneiden und in der Butter glasig dämpfen.
50 g Rauchfleischwürfel	kurz mitrösten.

Auflauf

Eine Lage Sauerkraut, Zwiebelringe ohne die Butter, Spätzle und die nächste Lage Sauerkraut in eine große, gefettete Auflaufform schichten.

250 g Sauerrahm	
3 Eier	verrühren, über den Auflauf gießen. Zuletzt die Zwiebelbutter darüber geben.

Den Auflauf bei 200 °C circa 30 Minuten backen.

Schloss in Eichtersheim

Leberspätzle

»Linsenbauch« in Odenheim

250 g Mehl	
3 Eier	
je 1 Prise Muskat und Pfeffer	
¼ TL Majoran (gerieben)	
¼ TL Salz	zu einem festen Teig kneten.
250 g Leber (gemahlen)	beimengen.
1 Zwiebel	würfeln,
1 Bund Petersilie	fein hacken,
1 EL Butter	erhitzen, darin Zwiebel und Petersilie dämpfen, zum Teig geben.
1 Brötchen (vom Vortag)	in Wasser einweichen, gut ausdrücken, zerzupfen, dazugeben. Alle Zutaten gut verkneten, falls der Teig zu weich ist, Gries bis zur gewünschten Konsistenz beimengen. Den Teig etwa 30 Minuten quellen lassen.
	Spätzlebrett in kaltes Wasser tauchen, 1 Schöpflöffel Teig darauf streichen, mit breitem Messer schmale Teigstreifen in
3 l Salzwasser (kochend)	schaben. Sobald die Spätzle an die Oberfläche kommen, mit einem Schaumlöffel herausnehmen, mit kaltem Wasser abschwenken, auf eine Platte geben und servieren.

Servieren Sie die Leberspätzle mit Sauerkraut.

Musikanten auf dem Peter- und Paul-Fest

Linsen und Spätzle

300 g Linsen	kalt waschen, heiß überbrühen, mit kaltem Wasser bedeckt über Nacht einweichen.
50 g Speckwürfel	auslassen,
1 Zwiebel	würfeln und darin dämpfen,
50 g Mehl	bis es braun ist, mitrösten, mit
¼ l Fleischbrühe	ablöschen. Nun die aufgequollenen Linsen (ohne das Wasser) sowie
1 Lorbeerblatt	
5 Pfefferkörner (schwarz)	zugeben.
1 TL Senf	
1 TL Tomatenmark	
2 EL Weinessig	verrühren und so viel
Fleischbrühe	beifügen, dass die Linsen bedeckt sind. Etwa 30 Minuten köcheln lassen, bis die Linsen weich sind. Durchrühren und mit
Salz und Pfeffer, Suppengewürz	abschmecken.
Spätzle (Grundrezept S. 90)	zubereiten aus
500 g Mehl	
5 Eier	
1 TL Salz	
100 ml Mineralwasser	und zu den Linsen servieren.

Zu diesem Gericht werden meistens Wienerle gereicht. Sehr gut schmecken auch gebratene Scheiben von nicht zu magerem Rauchfleisch.

Brunnen vor der Kraichgauhalle in Bad Langenbrücken

Hochzeit im Kraichgau

Bis in die 1960er Jahre wurde die Hochzeit eines Paares immer von den Brauteltern ausgerichtet. Meistens fand das Hochzeitsessen im Elternhaus der Braut statt. Für die Feier wurde das Wohnzimmer und falls vorhanden, der Nebenraum ausgeräumt, damit eine lange Tafel errichtet werden konnte.

Schon Tage vor der Hochzeit herrschte in der Brautfamilie Hochbetrieb mit den Vorbereitungen. Die vielen Kuchen, die selbstgemachten Nudeln und die Markklößchen, die beim traditionellen Hochzeitsmenü nicht fehlen durften, konnten ebenfalls schon rechtzeitig vorher zubereitet werden.

Den Nudelteig stellte man mit vielen Eiern, ohne Wasser, selbst her. Um sie gut schneiden zu können, wurden die fein ausgewellten »Kuchen« auf den Betten

Hochzeit von Ilse und Kurt Hermann in Bauschlott im Jahr 1952

Meta und Alfred Tobler

ausgebreitet, die mit weißen Leinentüchern bedeckt waren, und danach in die gewünschte Breite geschnitten.

Einen Tag vor dem Fest wurde die Suppe aus Rindfleisch, Markknochen und reichlich Wurzelgemüse gekocht. Aus den Markknochen hatte man schon zuvor das Mark entnommen und für die Herstellung der Markklößchen verwendet. Man rechnete pro Gast circa acht Klößchen; somit mussten Hunderte solcher gerollt werden.

Zum Gang in die Kirche versammelten sich die Gäste im Elternhaus der Braut und gingen in einem langen »Hochzeitszug« paarweise durch das Dorf zur Kirche. Voraus gingen die Kleinsten, dann folgten die ledigen Verwandten und Freunde, danach das Brautpaar. Anschließend folgten die Eltern, deren Geschwister und die übrigen Verwandten.

Nach der Trauung versammelten sich viele Dorfbewohner auf dem Kirchplatz, um dem Brautpaar zu gratulieren. Auf dem Heimweg reihten sich die Gäste wieder in der gleichen Reihenfolge wie zuvor ein.

Hochzeiten fanden immer Samstags vor der Mittagszeit statt. Um diese Zeit war meist Schulschluss. So war es in manchen Kraichgaudörfern Sitte, für die Schulkinder einen großen Wäschekorb, gefüllt mit frischgebackenen Brezeln, vor die Haustüre zu stellen. Die Kinder riefen: »Brezel raus, Brezel raus, sonst kommt keine richtige Frau ins Haus!« und durften sich dann eine Brezel aus dem Korb nehmen. So nahm das ganze Dorf Anteil an diesem frohen Ereignis.

Das traditionelle Hochzeitsmenü bestand in der Regel aus:
Vorspeise: Rindfleischsuppe mit Markklößchen und Eierstich
1. Hauptgang: Siedfleisch mit Meerrettichsoße, rote Bete und süß-saure Gurken
2. Hauptgang: Schweine- und Rinderbraten mit Nudeln und verschiedenen Gemüsen
Zum Nachtisch servierte man Biskuit mit Weinsoße (Rezept S. 197).

So fröhlich und üppig man dieses Hochzeitsfest feierte, wurde es für das Brautpaar zum »schönsten Tag des Lebens«.

Brezelkorb

Verheierte (Verheiratete) – Kartoffelschnitz und Spätzle

Im Schwäbischen auch »Gaisburger Marsch« genannt.

500 g Kartoffeln	schälen, in Viertel schneiden, in
1 l Fleisch- oder Gemüsebrühe	etwa 15 Minuten weich kochen.
Spätzle (Grundrezept S. 90)	zubereiten aus
5 Eier	
1 TL Salz	
500 g Mehl	
100 ml Wasser	Die fertigen Spätzle vorsichtig in die Brühe und unter die Kartoffeln heben.
2 EL Butter	erhitzen,
1 Zwiebel	in feine Streifen schneiden, in der Butter goldgelb rösten, über das Gericht geben und servieren.

Kochen Sie eine Fleischbrühe mit Rindfleisch und Suppengrün und garen Sie darin die Kartoffeln. Geben Sie das klein geschnittene Fleisch in den Eintopf, dann nennt sich das Gericht »reiche Verheierte«. Nehmen Sie nur Gemüsebrühe heißt es im Kraichagu »arme Verheierte«.

Seitdem wir diese Knollenfrucht
im deutschen Reiche sehen,
kann keine große Hungersnot
durch Misswachs mehr entstehen.

aus dem Kartoffellied von F.S. Sauter

Gasse zum Goldenen Lamm in Kürnbach

Wurststpätzle

Die Wurstspätzle isst man in einer Fleisch- oder Gemüsebrühe oder mit Zwiebeln abgeschmälzt, zusammen mit Salat.

500 g Mehl	
5 Eier	
1 TL Salz	und etwa
100 ml Wasser	zu einem festen Teig rühren und schlagen bis er Blasen schlägt.
1 Zwiebel	in Würfel schneiden,
1 Stängel Lauch	halbieren, in feine Streifen schneiden.
1 Bund Petersilie	
2 Blatt Liebstöckel	fein hacken,
2 EL Butter	erhitzen, darin Gemüse und Kräuter dämpfen.
350 g Krakauer oder geräucherte Schinkenwurst	in feine Würfel schneiden, mit dem Gemüse unter den Spätzleteig mischen.
2 kleine Brötchen (vom Vortag)	in kleine Würfel schneiden,
1 EL Butter	erhitzen, Brötchenwürfel darin knusprig rösten, zum Spätzleteig geben und vorsichtig unterheben.
	Spätzlebrett in kaltes Wasser tauchen, 1 Schöpflöffel Teig auf das Spätzlebrett streichen und mit einem breiten Messer längliche Teigstreifen in
3 l Salzwasser (kochend)	schaben. Sobald die Spätzle hochkommen, mit dem Schaumlöffel aus dem Wasser nehmen, mit kaltem Wasser abschrecken und servieren.

Kraichgauer Buffet

Eingemachtes Kalbfleisch

800 g Kalbfleisch aus Schulter oder Bug	Sehnen und Haut entfernen und in eine große Schüssel legen.

Marinade

1 Zwiebel	mit
2 Pfefferkörnern	
1 Gewürznelke	
1 Lorbeerblatt	spicken.
½ Sellerieknolle	
2 Karotten	schaben, in grobe Stücke schneiden,
1 Stange Lauch	in Ringe schneiden,
2 Zweige Basilikum	
3 Blätter Liebstöckel	Blätter grob zerpflücken,
½ Zitrone (unbehandelt)	in Scheiben schneiden,
1 TL Salz	und alle übrigen Zutaten zum Fleisch geben. Mit
250 ml Weißwein (trocken)	
750 ml Wasser	übergießen. (Das Fleisch sollte bedeckt sein.) Im Kühlschrank zugedeckt 24 Stunden marinieren.

Zubereitung

Das Fleisch mit dem Sud aufkochen, dann bei schwacher Hitze 1 Stunde köcheln lassen. Das Fleisch herausnehmen und warm stellen. Den Sud durch ein Sieb passieren.

Amtshofkulisse in Derdingen

Soße

3 EL Butter	erhitzen, darin
2 EL Mehl	hell anschwitzen, den Sud unter Rühren zugießen und 15 Minuten unter Rühren köcheln lassen.
Saft ½ Zitrone	
1 Prise Zucker	
Pfeffer (weiß)	
1 EL Kapern	
50 ml Weißwein	zufügen und abschmecken.
	Das Fleisch in Scheiben schneiden, die Soße darüber geben und servieren.

Zu diesem Gericht schmecken sehr gut Kartoffelbrei oder feine Bandnudeln. Die Schwaben essen dazu Spätzle. Servieren Sie zu diesem Gericht einen trockenen Weißwein.

Ölmühle im Ruiter Tal

Christrosen

Besenwirtschaften im Kraichgau

Die Tradition der »Besen« geht auf die Zeit Karls des Großen zurück. Dieser verfügte nachweisbar bereits im Jahr 791 in der »Landgüterverordnung«, dass die Weinbauern ihren eigenen Wein und einfache Speisen auch direkt an das Volk verkaufen durften. Der Ausschank sollte demnach mit einem Kranz aus Reisig oder Stroh gekennzeichnet werden. Diese Tradition ist bis heute erhalten, jedoch befestigen unsere Winzer heute einen »Reisigbesen« an der Hausfront. In nahezu jedem Weinort findet man heute eine sogenannte Besenwirtschaft.

Dem Winzer ist es erlaubt, ohne Schankkonzession eine Besenwirtschaft zu betreiben, jedoch mit einigen Auflagen. So dürfen die eigenen Räume bis zu vier Monate im Jahr geöffnet werden, nur bis zu 40 Sitzplätze haben und die Straßensicherheit darf, zum Beispiel durch parkende Autos, nicht gefährdet sein. Es besteht lediglich die Pflicht, den Betrieb mindestens zwei Wochen vor der Öffnung anzuzeigen.

Die Ausstattung der Räume ist meist einfach. Früher saß man in der guten Stube der Besenwirte, die sie für die Besenzeit räumten. Heute ist es eher üblich, in der ausgebauten Scheune oder einer für diesen Zweck herausgeputzten Garage oder dem Keller einzukehren. Zunehmend spezialisieren sich die Winzer auf gemütliche Weinstuben auf ihrem Weingut oder auch darauf, in der Sommerzeit, inmitten ihres idyllisch hergerichteten Hofes die Gäste zu bewirten. Nicht wenige besitzen heute eine Gaststättenerlaubnis und haben ihren Betrieb ganzjährig geöffnet.

Dabei bekommt man neben einfachen roten und weißen Landweinen nicht selten ausgesprochen edle Weine oder im Fass gereifte Spezialitäten. Zu essen gibt es meist deftige Speisen aus der eigenen Landwirtschaft, wie zum Beispiel Schlachtplatte mit Sauerkraut, Schnitzel mit Brot, Wurst- oder Käseplatten, Kesselfleisch, Maultaschen oder andere regionale Gerichte.

Im »Besen« trifft man sich, oft mit Freunden, in einer Atmosphäre der Gemütlichkeit, Geselligkeit und Weinseligkeit. Bei den Tourismusvereinen gibt es jährlich einen »Besenführer«, in dem die Lokale mit ihren Öffnungszeiten und Spezialitäten aufgeführt werden.

Besenwirtschaft »Zur Tenne«

Ente gefüllt

1 Ente (etwa 1 – 1½ kg)	waschen, trocken tupfen, mit
Salz und Pfeffer	einreiben.
200 g Zwiebeln	würfeln, in
1 EL Butter	glasig dünsten,
100 g Speckwürfelchen	auslassen.
125 g Toastbrot	
200 g Äpfel	in kleine Würfel schneiden, mit den Zwiebeln, Speck,
1 Ei	und
5 EL Rotwein	vermischen. Mit
Salz, Pfeffer	
1 Prise Zucker	abschmecken. Die Ente damit füllen und mit Zahnstocher oder Bindfaden gut verschließen. Den Backofen auf 225 °C vorheizen.
¼ l Wasser	
5 EL Rotwein	in die Fettpfanne geben. Die Ente auf den Rost setzen und 60 Minuten braten. Danach bei 160 °C weitere 30 Minuten garen und die Ente ab und zu mit
Cognac	bepinseln. Den Bratensaft aus der Fettpfanne entfetten.
1 TL Mehl	
2 EL Rotwein	verrühren und die Soße damit binden, mit
Salz und Pfeffer	abschmecken.

Enten beim Sonnenbad

Königlich gefüllter Hasenbraten

Das Halten von Stallhasen ist heute noch weit verbreitet, da das Hasenfleisch eine Bereicherung der gesunden und natur belassenen Küche ist. Im Haushalt meiner Eltern gab es jeden Sonntag Hasenbraten, da mein Vater über 100 Stallhasen hielt. Um das Essen abwechslungsreich zu gestalten, wurde immer wieder ein neues Rezept erfunden und ausprobiert. Meine Familie hat am liebsten den gefüllten Hasen gegessen. Er ist zwar von der Vorbereitung etwas aufwändig, doch die Zubereitung des Gerichts geht schneller, als das Anbraten der vielen Einzelteile. Das Ergebnis ist köstlich und kann sich »sehen lassen«. Probieren Sie es einmal aus!

Vorbereitung

1 Stallhase	zuerst den Kopf, dann die Hinterbeine und die Vorderfüße abtrennen. Die Leber, das Herz, die Nieren entfernen. Von jedem Schlegel die Knochen herauslösen.
	Das Rückrat mit einem spitzen scharfen Messer heraustrennen, danach die Rippenknochen herausschneiden. Das Fleisch des Körpers flach auslegen, mit
Salz und Pfeffer	würzen. Die beiden ausgelösten Hinterschlegel auf den Brustkorb, die ausgebeinten Vorderbeine daneben legen, mit
Salz und Pfeffer	würzen. Das Fleisch mit
6 hauchdünne Scheiben Bauchspeck (geräuchert)	bedecken,
2 Zwiebeln	würfeln,
1 Bund Petersilie	fein hacken, beides darüber verteilen.
	Die Leber, die Nieren, das Herz jeweils längs halbieren und auf die Füllung legen.
	Das Fleisch an der langen Seite aufrollen und mit Zahnstocher oder Schaschlikspießen feststecken. Die Fleischrolle zusätzlich noch mit Sternfaden binden und mit

Kraichbach in Gochsheim

Salz, Pfeffer, Paprika (edelsüß)	einreiben.
2 EL Öl	erhitzen, darin die Fleischrolle rundherum anbraten.
1 Zwiebel	in Scheiben schneiden und mit anbraten.
1 Karotte	schaben, halbieren,
1 Tomate	halbieren,
1 Stange Lauch	
1 Stängel Liebstöckel	
¼ Sellerieknolle	in grobe Stücke schneiden,
1 Knoblauchzehe	halbieren,
½ Bund Petersilie	etwas zerkleinern. Gemüse und Kräuter kurz mitbraten und mit
1 l Gemüsebrühe	ablöschen. Circa 1 Stunde im vorgeheizten Backofen bei 170 °C mit geschlossenem Deckel garen. Das Fleisch entnehmen, die Fäden entfernen, warm stellen.

Soße

	Das Gemüse mit der Flüssigkeit durch ein Sieb passieren.
2 – 3 EL Rotwein	beifügen und aufkochen.
1 TL Mehl	
3 EL Wasser	glatt rühren und die Soße damit binden, mit
Brühe (gekörnt)	abschmecken.
	Das Fleisch in Scheiben schneiden, die Schaschlikspieße dabei entfernen und mit der Soße servieren.

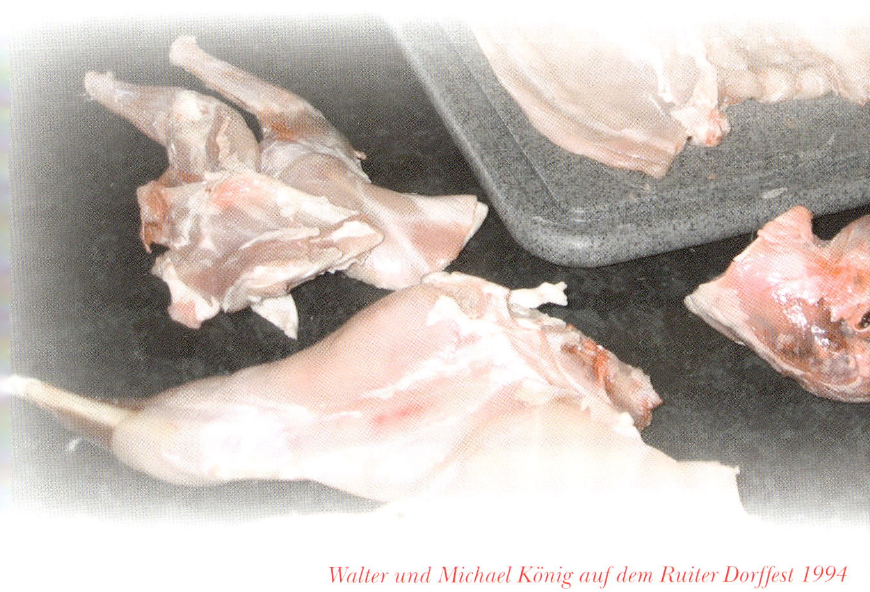

Walter und Michael König auf dem Ruiter Dorffest 1994

Natürlich wird der Hase meistens so zubereitet, dass er zerteilt wird und die einzelnen Fleischstücke rundherum scharf angebraten werden. Außerdem werden viel Zwiebel und reichlich Suppengemüse mitgebraten. Damit man eine schmackhafte Soße erhält, löscht man mit viel Gemüsebrühe ab. Das Fleisch wird etwa 60 bis 90 Minuten, je nach Alter des Hasen, im geschlossenen Topf gegart. Anschließend wird es herausgenommen, mit zerlassener Butter und Gewürz bestrichen und auf einer Platte im Backofen kurz überbräunt. Der Bratensaft wird durchpassiert und mit Rotwein, Pfeffer und Salz zu einer schmackhaften Soße abgeschmeckt.

Eine besondere Delikatesse sind »Hasenschnitzel«. Hier wird das Fleisch der Hinterbeine mit einem scharfen, spitzen Messer von den Knochen gelöst. Das Fleisch wird flach ausgelegt, geklopft, gewürzt, paniert und angebraten.

Rätsel:
Zwei Väter und zwei Söhne
schossen drei Hasen schöne
und jeder hat einen ganzen
gesteckt in seinen Ranzen.
Nun sag mir du,
wie ging das zu?

Idyllisches Leben im Kraichgau

Romys Herzragout

600 g Kalbsherz	die weißen Gefäßwände und Fett entfernen, zur Spitze hin aufschneiden und gut auswaschen. Herz in 3 cm große Würfel schneiden.
50 g Butter	erhitzen, Herz portionsweise darin anbraten, herausnehmen und beiseite stellen.
5 Zwiebeln	
200 g Lauch	in feine Ringe schneiden,
2 Knoblauchzehen	fein hacken,
2 Karotten	in feine Streifen schneiden,
1 Karotte	
60 g Sellerieknolle	ganz fein würfeln. Das Gemüse im verbliebenen Bratfett anbraten, Fleisch zufügen, mit
2 EL Mehl	bestäuben und leicht anbräunen, mit
400 ml Fleischbrühe	
120 ml Rotwein (trocken)	ablöschen,
2 TL Tomatenmark	
½ TL Salz	
Pfeffer	
1 Prise Zucker	
1 Zweig Thymian	
1 Zweig Rosmarin	zufügen,
300 g frische Tomaten (oder Dose)	enthäuten, in Würfel schneiden, zugeben und alles 60 Minuten bei geschlossenem Deckel schmoren lassen.
1 Gewürzgurke	fein hacken, mit
1 EL Kapern	
120 ml Sahne	in die Soße rühren und kurz durchkochen lassen.
½ Bund Schnittlauch	in Röllchen schneiden und über das Ragout streuen.

Reichen Sie Semmelknödel mit Salat dazu.

Mohnblumenfeld

Kraichgauer Gulasch

500 g Rindfleisch	
250 g Schweinefleisch	(vom Metzger in Würfel schneiden lassen.)
2 EL Öl	erhitzen, darin
100 g Rauchfleischwürfelchen	anrösten,
3 große Zwiebeln	in feine Ringe schneiden und gelb dämpfen. Nun das Fleisch zufügen.
2 Knoblauchzehen	pressen, darüber geben, das Fleisch hellbraun anbraten, mit
500 – 750 ml Fleischbrühe	ablöschen, so dass das Fleisch gut bedeckt ist.
6 Tomaten	enthäuten, vierteln, zugeben,
1 TL Paprika (edelsüß)	
½ TL Salz	
Pfeffer	zufügen. Das Gulasch 1½ Stunden bei niedriger Hitze schmoren lassen. Keine weitere Flüssigkeit zugießen. Die Soße soll sämig einkochen.

Paradiesgarten in Bad Rappenau

Hühnerfrikassee

1 Bund Suppengrün	vorbereiten und mit
2 l Wasser	
1 TL Salz	
3 Wacholderbeeren	
3 Pfefferkörner	zum Kochen bringen.
1 junges Huhn	circa 5 Minuten blanchieren, um eine schöne weiße Farbe zu erhalten, (das Huhn muss ganz mit Flüssigkeit bedeckt sein). Huhn entnehmen und die Brühe durchsieben.
1 EL Butter	erhitzen, aber nicht braun werden lassen, mit der Geflügelbrühe ablöschen, das Huhn einlegen und etwa 1 Stunde zugedeckt köcheln lassen.
	Nun herausnehmen und abkühlen lassen. Die Haut abziehen, entbeinen und in gleichmäßig große Stücke zerteilen.

Soße

2 EL Butter	erwärmen, darin
2 EL Mehl	hell anschwitzen, mit
½ l Hühnerbrühe	ablöschen, mit
Salz, Muskat	
Saft ½ Zitrone	
3 EL Weißwein	würzen.
1 TL Kapern	
1 kleine Dose Champignons	zufügen,
2 Eigelb	und
2 EL saurer oder süßer Rahm	verrühren und die Soße legieren. Das Hühnerklein einlegen, kurz erhitzen und zu einem Reis- oder Nudelring servieren.

Verwenden Sie die restliche Hühnerbrühe für eine Suppe. Servieren Sie dazu Reis mit Salat.

Glückliche Hühner

Rindsrouladen

4 Rouladen (à 150 g, nicht zu dünn)	jede Roulade mit
1 TL Senf	bestreichen.
3 Zwiebeln	würfeln,
100 g Rauchfleisch	in feine Streifen schneiden,
3 Gewürzgurken	in kleine Würfel schneiden. Zutaten auf den Rouladen verteilen, aufrollen und mit Rouladenspießen feststecken. Die Rouladen in
Mehl	wenden.
50 g Butterschmalz	erhitzen, Rouladen darin rund herum anbraten, herausnehmen, warm stellen.
1 Zwiebel	in feine Ringe schneiden, im Bratenfond rösten und mit
750 ml Fleischbrühe	ablöschen. Zugedeckt 1½ Stunden schmoren lassen, dabei gelegentlich wenden. Die Rouladen aus der Soße nehmen und warm stellen.

Die Soße	mit
Salz, Pfeffer	abschmecken.
2 TL Stärkemehl	
1 TL Tomatenmark	
5 EL Soße	verrühren und die Soße damit binden.
125 ml saure Sahne	einrühren, die Soße durchsieben und zu den Rouladen servieren.

Servieren Sie als Beilage Spätzle und grünen Salat.

Fachwerkhaus in Derdingen

Gefüllte Kalbsbrust

1 kg Kalbsbrust	(vom Metzger eine Tasche einschneiden lassen), mit einem Tuch abreiben, mit
Salz und Pfeffer	einreiben.

Füllung

3 trockene Brötchen (150 g)	außen abreiben, in Würfel schneiden, in
¼ l Milch	einweichen, ausdrücken, zerzupfen.
1 EL Butter	erhitzen,
1 Zwiebel	würfeln,
1 Bund Petersilie	fein hacken, Zwiebel und Petersilie und Brötchen in der Butter dämpfen, in eine Schüssel geben, mit
150 g Hackfleisch	
2 Eiern	
½ TL Salz, je 1 Prise Pfeffer und Muskat	vermengen. Diese Füllung in die Fleischtasche geben und zunähen.
50 g Butterschmalz	erhitzen, darin die Kalbsbrust rundherum anbraten.
1 Zwiebel, 1 Karotte	
1 Tomate, 1 Scheibe Sellerie	
1 Zweig Liebstöckel	grob zerkleinern und mitbraten,
1 EL Mehl	überstäuben, mit
½ l Fleisch- oder Gemüsebrühe	ablöschen.
	Im vorgeheizten Backofen bei 220 °C etwa 1½ Stunden braten. Dabei öfter mit dem Bratensaft übergießen. Die Kalbsbrust herausnehmen, möglichst mit einem elektrischen Messer in Scheiben schneiden. Warm stellen.

Soße

⅛ l Sauerrahm	in den Bratenfond einrühren, aufkochen, pürieren, mit
Salz und Pfeffer	abschmecken und zum Fleisch reichen.

Übergießen Sie die Kalbsbrust gegen Ende der Bratenzeit mit Bier, dann wird sie besonders knusprig.

Dahlien

Kurz und Lang

(für 12 bis 14 Personen)

Hexenzunftbrunnen in Eppingen

Eine Spezialität aus dem Raum Eppingen, die hauptsächlich an runden Geburtstagen serviert wird.

½ Rinderherz	
1 kg Rinder-Bugblatt	
1 kg Rinder-Brust	
1 kg Rinder-Wade	
1 kg Rinder-Backe	in
5 l Wasser (kochend)	geben.
1 Sellerieknolle	
5 Karotten	
1 Stange Lauch	
1 Petersilienwurzel	
1 Zweig Thymian	
1 Zweig Liebstöckel	etwas zerkleinern und zufügen.
1 Msp. Muskat	beifügen. Alles zusammen etwa 1½ bis 2 Stunden köcheln lassen. Das Fleisch entnehmen, etwas abkühlen lassen und in Scheiben schneiden.

Dazu serviert man Meerrettichsoße, rote Bete, süß-saure Gurken und Mixed Pickles. Die Brühe wird abgesiebt und erst dann gewürzt und gesalzen. Dies ergibt eine schmackhafte Suppe, die mit einer beliebigen Einlage zu später Stunde serviert wird.

Alte Universität in Eppingen

Baumannsches Haus in Eppingen

Romys Kalbsnieren in Senf-Sahne-Soße

500 g Kalbsnieren	kalt abwaschen, abtrocknen, der Länge nach halbieren, den weißen Strang entfernen und 2 Stunden wässern, Wasser öfters wechseln.

Soße

2 Karotten	
100 g Sellerieknolle	in grobe Stücke schneiden.
1 mittlere Stange Lauch	ohne das Grün in Ringe schneiden.
2 EL Rapsöl	erhitzen, Gemüse darin leicht anrösten, mit
120 ml Fleischbrühe	
120 ml Weißwein (trocken)	ablöschen, so lange garen, bis die Soße zur Hälfte reduziert ist. Soße durchsieben, beiseite stellen.
250 g frische Champignons	putzen, in dünne Scheiben schneiden, mit
2 EL Zitronensaft	beträufeln.
	Nieren in 2 mm dicke Scheiben schneiden und portionsweise in
2 EL Rapsöl	
1 EL Butter	bei starker Hitze etwa 2 Minuten anbraten, herausnehmen, auf einem Sieb abtropfen lassen,
2 Zwiebeln	fein hacken und im restlichen Bratfett anbraten, Pilze zufügen und so lange braten, bis die Flüssigkeit verdampft ist, mit
2 EL Weinbrand	ablöschen,
200 g Crème fraîche	
1 TL Senf	mit der reduzierten Soße mischen und in die Pilze einrühren, einmal aufkochen lassen. Nieren zufügen, mit
Salz und Pfeffer	würzen und 5 Minuten ziehen lassen, jedoch nicht kochen lassen.

Traditionell isst man dazu Bratkartoffeln.

Blick auf Gondelsheim

Lammbraten mit Kräuterkruste

1 kg Lammrücken oder Keule	
2 Knoblauchzehen	pressen und das Fleisch damit einreiben, mit
Salz und Pfeffer	würzen, und rundherum mit
2 EL Öl	bestreichen.
1 Zweig Rosmarin	
1 Bund Petersilie	
1 Bund Dill	fein hacken, mit
2 EL Paniermehl	vermischen und auf der Fleischoberfläche verteilen. Den Backofen auf 225 °C vorheizen, das Lamm auf den Rost legen.
1 Bund Suppengrün	in Würfel schneiden, mit
¼ l Wasser	in die Fettpfanne geben.
125 ml Weißwein (trocken)	über das Fleisch gießen und 1 Stunde garen lassen.
1 EL Butter	in Flöckchen auf dem Braten verteilen und überkrusten lassen. Den Bratenfond durch ein Sieb geben.
1 TL Mehl	
2 EL Sahne	verrühren, die Soße damit binden, mit
Salz und Pfeffer	abschmecken und zum Braten reichen.

Servieren Sie als Beilage Bohnengemüse und Bratkartoffeln.

Kinder in Peter- und Paul-Fest-Trachten

Lenden-Auflauf

500 g Schweinelende	in 2 cm dicke Scheiben schneiden, mit
Salz und Pfeffer	würzen,
2 EL Öl	erhitzen und die Medaillons kurz auf beiden Seiten anbraten. Fleisch in eine Auflaufform geben, mit
100 ml Wasser	den Bratensaft in der Pfanne ablösen, über das Fleisch gießen.
200 g Champignons	putzen, in Scheiben schneiden und darüber legen.

Soße

250 ml Sahne	
2 EL Crème fraîche	
2 EL Tomatenmark	
3 EL Ketchup	
1 TL Suppengewürz	
1 TL Currypulver	verrühren. Soße über das Fleisch gießen, mit
100 g Emmentaler (gerieben)	bestreuen. Im vorgeheizten Backofen bei 175 °C circa 30 Minuten backen.

Das Gericht eignet sich auch gut für eine größere Gesellschaft, wenn man die Zutaten entsprechend vervielfältig. Es kann schon am Vortag zubereitet werden. Reichen Sie dann Weißbrot und einen trockenen, badischen Weißwein dazu.

Burgruine in Obergrombach

Schlachtfest auf dem Lande

Bis in die 1970er Jahre war es bei uns üblich zu Hause zu schlachten (metzeln). Ein Schwein aufzuziehen bereitete keine Probleme, da man das Futter wie Kartoffeln und Getreide selbst anbaute.

Für uns Kinder war der jährliche Schlachttag immer ein großes Ereignis. Bereits Tage zuvor herrschte im Haus große Betriebsamkeit. Büchsen für die Wurst wurden gerichtet, die Gewürze eingekauft sowie der Kochkessel und die Gerätschaften vorbereitet. Wir Kinder durften am Schlachttag erst dazukommen, wenn das Schwein bereits getötet und das Blut gerührt war. Mit gemischten Gefühlen sahen wir zu, wie die Sau, in einer Holzmulde liegend, überbrüht, ihre Borsten abgeschabt und die Klauenschuhe der Schweinefüßchen abgezogen wurden.

Als das Schwein endlich am Waagscheit hing wurde es für uns erst interessant. Der Metzger schnitt den Bauch auf und warf das Gedärm in einen unter dem Schwein stehenden Eimer. Die Därme wurden vom Metzger entleert und gründlich gesäubert, um sie später mit der guten hausgemachten Leber- und Griebenwurst zu füllen. Inzwischen traf auch der Fleischbeschauer ein, der tags zuvor die noch lebende Sau für schlachtfähig befunden hatte (Lebendschau). In unserem Dorf war es sogar eine Frau! Die Mutter meiner besten Freundin Waltraud war die erste weibliche Fleisch- und Trichinenbeschauerin in Nordbaden. Meta Tobler begutachtete die inneren Organe und das Fleisch des inzwischen vom Metzger mit dem Beil in zwei Hälften geteilten Schweins und entnahm am Zwerchfell ein Stück Fleisch. Sie schnitt es in viele kleine Stückchen und legte diese unter ihr Mikroskop. Erst wenn Frau Tobler ihre vielen Stempel auf das tote Schwein aufgedrückt hatte, durfte es der Metzger zerlegen, sortieren und im großen Kessel in der Waschküche kochen. Während dessen schnitten die Frauen den Speck und den Schmer in kleine Würfel und ließen den Speck auf dem Herd aus, um die Grieben für die spätere Wurstherstellung zu verwenden.

Inzwischen war Mittagszeit und das Fleisch im Kessel gar. Jetzt kam man zum Höhepunkt des Schlachtfestes, auf das wir uns so gefreut hatten: Alle Helfer saßen am großen Küchentisch und ließen sich das gute, noch heiße Kesselfleisch mit frisch gebackenem Brot und Salz schmecken. Wir Kinder aßen mit Vorliebe die Nierchen,

Bauer Tobler mit Ochs- und Kuhgespann in Ruit

Bäckchen und die Schnute. Mir fiel jedoch auf, dass der Metzger als einziger Kaffee und frischen Hefezopf serviert bekam. Nach dieser Stärkung und einem Schnäpschen für die Männer wurde die Wurst gemacht: Leber-, Grieben- und Kartoffelwurst sowie Schwartenmagen, der in den Saumagen gefüllt wurde.

Am Abend wurde das Milchkännle mit Kesselbrühe, sprich »Metzelsupp´« und je ein Paar Leber- und Griebenwürstchen gefüllt und von uns Kindern an unsere Nachbarn und Freunde sowie an den Herrn Pfarrer und Herrn Lehrer ausgetragen. So soll es nicht selten vorgekommen sein, dass der Pfarrer und der Lehrer am Ende eines Jahres mehr Würste im Speicher hängen hatte, als der Bauer selbst.

Fleischbeschauerin Meta Tobler

Fleischküchle

2 kleine, trockene Brötchen	in Wasser einweichen, ausdrücken und zerpflücken.
30 g Butter	erhitzen,
1 Zwiebel	würfeln,
1 Knoblauchzehe	klein schneiden,
½ Bund Petersilie	hacken, alles zusammen in der Butter dämpfen, mit
500 Hackfleisch (gemischt)	und
1 Ei	vermengen. Mit
Majoran, Salz, Pfeffer, Paprika	würzen, kleine Küchlein formen und in
50 g Fett	braun backen, heiß oder kalt servieren.

Wasserschloss in Bad Rappenau

Sommerlandschaft

Rehragout

1 kg Rehgulasch aus der Schulter	kalt abspülen, trocken tupfen, einlegen in einer
Marinade aus	
500 ml Rotwein (Spätburgunder)	
3 Lorbeerblätter	
2 Nelken	
½ Zweig Thymian	
5 Wacholderbeeren (zerdrückt)	in einen Teebeutel geben und zubinden.
1 Karotte	
½ Stange Lauch	in Ringe schneiden,
2 Zwiebeln	
100 g Sellerie	grob würfeln.
	Zutaten über das Fleisch geben, über Nacht zugedeckt marinieren lassen. Den Gewürzbeutel heraus nehmen, das Fleisch vom Gemüse trennen, trocken tupfen und mit
Salz und Pfeffer	würzen.
3 EL Butterschmalz	erhitzen, das Fleisch gut anbraten, das Gemüse zugeben und kurz mitbraten.
1 EL Mehl	und
1 EL Tomatenmark	mitrösten, mit der Marinade ablöschen, mit soviel
Fleischbrühe	auffüllen, bis das Ragout mit Flüssigkeit bedeckt ist. Zugedeckt etwa 2 Stunden bei geringer Hitze schmoren lassen.
1 EL Preiselbeeren	einrühren, mit
Salz und Pfeffer	abschmecken und mit
Portwein (rot) oder Balsamico	verfeinern.

Es empiehlt sich, das Ragout im Backofen zu garen, damit es nicht anbrennt.

Als Beilagen eignen sich Spätzle oder Weckknödel und Rotkraut.

Ravensburg Sulzfeld

Rehrücken mit Birnen und Preiselbeeren

1 Rehrücken (etwa 1½ kg)	unter fließendem kalten Wasser abspülen, trocken tupfen, enthäuten, die unteren kleinen Filets ablösen und beiseite stellen, den Rehrücken mit
Salz	einreiben, mit
50 g Butter (weich)	bestreichen.
50 g Speckscheiben	in eine mit Wasser ausgespülte Bratpfanne legen, den Rehrücken darauf setzen, mit
50 g Speckscheiben	bedecken.
2 Zweige Thymian	abspülen, trocken tupfen, die Blättchen auf den Speck legen. In den auf 200 °C vorgeheiztem Backofen schieben. Sobald der Bratensatz bräunt,
1 Zwiebel	in Scheiben schneiden,
2 Wacholderbeeren (zerdrückt)	
1 Blatt Salbei	mit der Zwiebel zufügen, kurz mitrösten.
375 ml Rotwein (trocken)	
250 ml Wasser	vermischen und den Rehrücken immer wieder mit der Flüssigkeit begießen und verdampfen lassen. Nach 35 Minuten den Rücken entnehmen, in Alufolie wickeln, ruhen lassen.

Soße

	Den Bratensatz mit
125 ml Sahne	loskochen, nach Belieben mit
Fleischbrühe	verlängern, mit
Salz und Pfeffer	würzen. Soße durch ein Sieb gießen, etwas einkochen lassen, mit
2 EL Weinbrand	abschmecken, warm stellen.
	Die beiseite gelegten Filets mit
Pfeffer	bestreuen,

Blick auf Ravensburg und Weinberg

30 g fette Speckwürfelchen	auslassen, die Filets darin 5 Minuten rundherum anbraten.
	Den Rehrücken aus der Alufolie nehmen, das Fleisch vom Rücken lösen, zusammen mit den Filets in Scheiben schneiden, wieder auf das Knochengerüst zurücklegen und auf einer vorgewärmten Platte anrichten.
4 Birnenhälften (gekocht)	mit
Preiselbeeren	füllen und mit der Soße zum Fleisch reichen.

Reichen Sie als Beilagen Spätzle und grünen Salat.

Das Reh ist in deutschen Wäldern und Fluren weit verbreitet. Besonders gut scheinen die Lebensbedingungen in Baden-Württemberg zu sein. Mit elf geschossenen Rehen pro 100 Hektar Land liegt das Bundesland an der Spitze. Die Landwirtschaftsverwaltung Baden-Württemberg zählte im Jahr 2004/2005 im Kraichgau mehr als 14 Rehe, im Schwarzwald dagegen wurden nur acht Rehe erlegt. Zu viele Rehe schaden Wald und Flur, deshalb ist die Jagd nötig, um den Bestand im Zaum zu halten.

Enzbrunnen im Ruiter Tal

Duftkorb

Rouladenbraten von Gudrun

2 große Rinderrouladen	mit
Pfeffer	würzen und
1 TL Senf	bestreichen. Die Rouladen überlappend nebeneinander legen.

Hackfleischteig

½ Brötchen (vom Vortag)	in heißem
Wasser	einweichen, ausdrücken, zerzupfen, mit
250 g Hackfleisch (gemischt)	und
1 Ei	vermengen.
1 kleine Zwiebel	
je ½ roter und grüner Paprika	
4 Champignons	in Würfel schneiden.
1 Knoblauchzehe	pressen, mit den Zwiebeln, Paprika und Pilzen zum Hackfleisch geben, mit
Salz und Pfeffer	würzen und gut verkneten.
1 Schweinefilet (ohne das dünne Ende)	mit
Salz und Pfeffer	würzen.
	Zuerst den Hackteig auf die Rouladen streichen, dann das Filet darauf legen und aufrollen. Mit Rouladennadeln feststecken.
2 EL Öl	erhitzen, darin die Rolle rundherum anbraten.
1 Bund Suppengrün	
1 Zweig Liebstöckel	klein schneiden und mitrösten.
½ l Fleisch- oder Gemüsebrühe	angießen und circa 1½ Stunden schmoren lassen. Die Roulade herausnehmen, den Bratensaft durchpassieren.

Stiefmütterchen und Tulpen

Soße

1 TL Mehl	
1 TL Tomatenmark	
5 EL Wasser	verrühren und in den kochenden Bratensaft einrühren. Mit
Salz und Pfeffer	abschmecken und mit
1 EL Crème fraîche	verfeinern.

Reichen Sie dazu Spätzle und grünen Salat.

Nymphenbrunnen im Schlosspark Gondelsheim

Entenweiher

Sauerbraten

Lorbeerstrauch

Marinade

¼ l Weinessig	
¼ l Rotwein (Spätburgunder)	
¼ l Wasser	
1 EL Salz	
3 Nelken	
1 Lorbeerblatt	
5 Pfefferkörner	in einen Kochtopf geben.
1 Zwiebel	
1 Karotte	
½ Stange Lauch	
100 g Sellerie	
1 Bund Petersilie	
1 Zweig Liebstöckel	grob zerkleinern und mit dem Weingemisch aufkochen, abkühlen lassen.
1 kg Rindfleisch aus der Hüfte	waschen und gut abtrocknen, in einen hohen engen Topf legen und mit der Marinade übergießen, kühl stellen. Täglich wenden, nach 3 bis 6 Tagen aus der Marinade nehmen und abtrocknen. Die Marinade durchsieben.

Sauerbraten

3 EL Öl	erhitzen,
1 Zwiebel	in Scheiben schneiden und hellbraun dämpfen.
50 g Speckwürfelchen	kurz mitdämpfen. Das Fleisch zugeben und auf allen Seiten anbraten.
1 Tomate oder 1 EL Tomatenmark	
1 Karotte (halbiert)	
je 1 Stück Sellerie und Lauch	

Pferdegespann Eschenbacher

1 Stück Brotrinde (oder 2 EL Mehl)	kurz mitrösten,
½ Bund Petersilie	grob hacken, zufügen und mit
1 l Fleischbrühe und 50 ml Marinade (wenn man die Soße sehr sauer möchte)	ablöschen. Den Braten bei mittlerer Hitze etwa 90 Minuten zugedeckt schmoren lassen.
	Fleisch herausnehmen und warm stellen. Den Bratensaft passieren.

Soße

4 EL saure Sahne	
3 EL Rotwein	verrühren und in den Bratensaft einrühren, mit
Salz, Pfeffer	abschmecken. Die Soße zum Braten servieren.

Vorsichtig mit der Zugabe der Beize. Es empfiehlt sich, damit abschließend nachzuwürzen.

Schloss in Bruchsal

Ausgebaute Hohle nach Gondelsheim

Wildschweinbraten

1 kg Wildschweinschulter (ohne Knochen)	unter fließendem Wasser abspülen, trocken tupfen, über Nacht in
500 ml Buttermilch	einlegen, einmal wenden. Fleisch herausnehmen, trocken tupfen, mit
½ TL Salz und Pfeffer	
3 Wacholderbeeren (zerdrückt)	einreiben.
2 EL Butterschmalz	erhitzen, Fleisch darin rundherum anbraten.
100 g Petersilienwurzel	
100 g Sellerie	in Würfel schneiden, anrösten,
5 Pfefferkörner (zerdrückt)	
1 Lorbeerblatt	
1 kleiner Zweig Thymian	zufügen, mit
500 ml Fleischbrühe	und
250 ml Rotwein	ablöschen. Etwa 90 Minuten im vorgeheizten Backofen schmoren lassen. Fleisch herausnehmen, warm stellen.

Soße

	Den Bratensatz mit
50 ml Wasser	loskochen, durch ein Sieb gießen.
1 EL Mehl	mit
3 EL Wasser (kalt)	und
3 EL saure Sahne	verrühren, die kochende Soße damit binden, mit
Salz und Pfeffer	abschmecken. Die Soße mit dem Fleisch servieren.

Rühren Sie in die Soße einen Esslöffel Johannisbeergelee ein, dann erhalten Sie eine pikante Geschmacksrichtung.
Die Schmorzeit richtet sich nach dem Alter des Tieres.
Dazu passen Kartoffelknödel und Rotkraut oder Feldsalat.

In Zeutern

Schwäbischer Zwiebelrostbraten

4 Scheiben Rinderlende (Rostbeef) à 200 g	kalt abwaschen, trocken tupfen, auf beiden Seiten mit
Pfeffer (schwarz)	würzen,
3 Knoblauchzehen	pressen, aufstreichen und das Fleisch mit dem Handballen flach drücken, in
3 EL Mehl	wenden.
4 EL Öl	erhitzen. Die Rinderlenden bei mittlerer Hitze auf jeder Seite 4 Minuten braten. Das Fleisch herausnehmen, mit
Salz	würzen und zugedeckt warm stellen.
4 mittelgroße Zwiebeln	in feine Ringe schneiden, mit
½ TL Salz	bestreuen,
3 EL Öl	erhitzen, darin die Zwiebeln hellbraun und knusprig anbraten.
	Den Rostbraten auf vorgewärmte Teller geben, die Zwiebel darauf verteilen.

Soße

	Den Bratenfond mit
250 ml Wasser	ablöschen, mit
1 TL Brühe (gekörnt)	würzen.
½ TL Mehl	
3 EL Wasser (kalt)	
½ TL Tomatenmark	verrühren und in die kochende Soße einrühren, mit
Salz und Pfeffer	abschmecken.

Feinschmecker lieben den Rostbraten auf englische Art, das heißt nicht ganz durchgebraten. Fühlt sich das Fleisch beim Druck mit dem Finger elastisch an, ist es noch blutig. Bei längerer Bratenzeit wird es fester. Es sollte aber nur so lange braten, dass es die rosa Färbung noch behält. Am zartesten ist das Fleisch auf englische Art. Servieren Sie zu diesem Gericht Spätzle und grünen Salat.

Helmknabenkraut

Überbackene Schweinehals-Schnitzel

4 Schnitzel vom Schweinehals	mit
Salz und Pfeffer	würzen.
2 EL Butterschmalz	erhitzen, die Schnitzel darin auf jeder Seite etwa 4 Minuten anbraten. Warm stellen.
1 Zwiebel	würfeln und im verbliebenen Bratfett glasig dünsten.
100 g gekochter Schinken	
100 g Rauchfleisch	in Würfel schneiden, zu den Zwiebeln geben und kurz mitrösten.
150 g frische Champignons	putzen, in Scheiben schneiden, dazugeben,
⅛ l Weißwein (trocken)	angießen.
1 EL Mehl	
200 ml Sahne	verrühren und zur Soße geben.
	Eine feuerfeste Form mit Butter einfetten, Schnitzel hineinlegen, Soße darüber gießen,
200 g Käse (gerieben)	überstreuen. Im vorgeheizten Backofen bei 200 °C 20 Minuten überbacken. Heiß servieren.

Rosengarten in Derdingen

In Wiesloch

Schweinekrustenbraten (für 6 bis 8 Personen)

2 kg Schwartenbraten aus dem Bauch	vom Metzger die Schwarte einritzen lassen, mit
Salz und Pfeffer	rundherum einreiben.
2 Zwiebeln	
2 Karotten	
½ Stange Lauch	
½ Sellerieknolle	
1 Zweig Liebstöckel	
1 Zweig Rosmarin	in grobe Stücke teilen, Gemüse und Kräuter mit
1 l Wasser	in einem Bräter kurz aufkochen.
	Das Fleisch mit der Schwarte nach unten einlegen, 1 Stunde bei geringer Hitze zugedeckt schmoren lassen.
	Das Fleisch mit dem Gemüse bei 160 °C in den Backofen stellen und weitere 1½ Stunden braten. Dabei mehrmals mit dem Bratensaft übergießen. Fleisch herausnehmen, mit der Schwarte nach oben auf ein Blech legen. Die Schwarte mit
50 g Butter	einstreichen. Im Backofen bei 220 °C 25 Minuten knusprig braten. Dabei mehrmals mit etwas von
¼ l Bier	übergießen.

Soße

	Den Bratensaft mit dem Gemüse durchpassieren.
1 EL Butterschmalz	erhitzen, darin
1 EL Mehl	rösten,
1 EL Tomatenmark	dazugeben, mit
⅛ l Rotwein	
¼ l Fleischbrühe	ablöschen, den durchpassierten Bratenfond zufügen und alles kräftig durchkochen lassen, mit
Salz und Pfeffer	abschmecken und mit
2 EL saure Sahne	verfeinern.

Reichen Sie dazu Kartoffelbrei und Rotkraut.

Schlosspark in Gemmingen

Fischragout

800 g Kabeljau-, Dorsch- oder Seelachsfilet	waschen, in Würfel schneiden, mit
Salz, Pfeffer, Paprika (edelsüß)	würzen.
1 große Zwiebel	würfeln,
50 g Butter	erhitzen, Zwiebel darin hell gelb dünsten.
100 g Rauchfleischwürfelchen	und den Fisch zugeben und leicht anschmoren.
¼ l Gemüse- oder Fleischbrühe	und
200 ml Sahne	angießen und 8 Minuten leicht dünsten lassen.
1 kleiner Zweig Dill	zerzupfen,
4 Stängel Petersilie	fein hacken und mit dem Dill zugeben, mit
Salz und Pfeffer	abschmecken und heiß servieren.

Als Beilagen eignen sich Reis und grüner Salat.

Wäscherinnen

Mühlbacher See

Lachs auf Kartoffelkruste mit Sauce Hollandaise

4 Scheiben Lachsfilet (circa 600 g)	mit
Saft ½ Zitrone	beträufeln, mit
Salz und Pfeffer	würzen. Jeweils eine Seite der Filets in
Mehl	wenden.

Kartoffelpuffer

3 große Kartoffeln	grob raspeln, mit
2 Eiern	
3 EL Haferflocken	vermengen, mit
Salz, Pfeffer, Muskat	würzen. Den Teig zu 4 gleich großen, flachen Kuchen formen.
3 EL Rapsöl	in einer Pfanne erhitzen, die Puffer hineinlegen und jedes Lachsfilets mit der bemehlten Seite auf einen Puffer legen und etwa 5 Minuten anbraten.
	Inzwischen den Backofen auf 200 °C vorheizen. Eine große Auflaufform oder ein Backblech mit Butter ausfetten, die angebratenen Kartoffelpuffer mit dem Lachsfilet nach unten in die Form legen und weitere 8 Minuten im Backofen braten lassen.

Sauce Hollandaise

3 Eigelb	
2 EL Weißwein (trocken)	
¼ TL Pfeffer (weiß)	
¼ TL Salz	
Saft ½ Zitrone	in eine Schüssel geben, über kochendem Wasser (Wasserbad) mit dem Schneebesen so lange schlagen, bis die Masse eingedickt ist.
200 g Butter	zerlassen, abkühlen lassen, tropfenweise und unter ständigem Rühren dem Eischaum zugeben. Die Soße sofort zum Lachsfilet servieren.

Lachs auf Kartoffelkruste

Mostbereitung

Most entsteht durch die Vergärung des naturreinen Saftes aus gepressten Äpfeln und Birnen. Selbstgemachter Most aus eigenem Obst ist heute etwas ganz Seltenes. Wie bei allem, was man selbst herstellt, genießt man doppelt. Wohl dem, der die Möglichkeit dazu hat, dieses Getränk herzustellen und zu verkosten.
Zunächst müssen Holzfässer gereinigt und ein späterer Lagerplatz im nicht zu trockenen aber kühlen Keller bereitet werden. Dann fährt man im Idealfall mit der ganzen Familie zur Obstwiese, um das gefallene oder geschüttelte Obst aufzulesen.
Das Obst sollte gut ausgereift und aus einer ausgewogenen Mischung von süßen und säuerlichen Apfel- und Birnensorten bestehen. Dabei sollten es überwiegend Äpfel und etwa ein Drittel Birnen sein.
In der Kelter wird das Obst zuerst gewaschen, dann gemahlen und ausgepresst. Nachdem der Saft zu Hause in die Fässer umgefüllt ist, wird dieses sofort verschlossen und der mit Sperrflüssigkeit gefüllte Gärspund auf der Fassoberseite aufgesetzt.
Eine gute Gärung hängt maßgeblich von der Qualität des Kellerklimas ab. Die Temperatur sollte möglichst gleichmäßig und nur langsam absinken. Vor dem Ende des Gärvorganges (je nach Sorten von Dezember bis Februar) wird der Most »abgezogen« (»abgelassen«), das heißt, mittels eines Schlauches in ein anderes leeres Fass umgefüllt. Die am Boden abgesetzte Hefe und der Trubstoff bleiben zurück.
Etwa ab Weihnachten wird es spannend. Nun kann man sehen ob der Most ausgereift ist. Anfangs ist dieser noch häufig trüb, doch bald ist er klar, hell und mild im Geschmack. Von nun an kann man diesen »Wein des Landmannes« beim abendlichen Vesper genießen.
Für die Kinder wird »Süßmost« bereitet. Hierzu erhitzt man den Saft in einem Kupferkessel auf 78 bis 80 °C, füllt ihn dann in Flaschen ab und verschließt diese mit Gummikappen. Beim Abkühlen entsteht ein Vakuum und der Süßmost ist bis zum nächsten Keltern haltbar. Heute verwendet man vorzugsweise Flaschen mit gummiertem Schraubverschluss und weiten Öffnungen.
Erst seit den 30er Jahren des vorigen Jahrhunderts wurde es üblich, den industriell hergestellten Apfelsaft durch Erhitzen (Pasteurisieren) haltbar zu machen und in Flaschen abzufüllen. So haben wir heute, wenn wir kein eigenes Obst besitzen, die Möglichkeit den Apfelsaft wahlweise klar oder naturtrüb zu kaufen.

Obstablieferung

Forellen gefüllt

4 Forellen	säubern, innen und außen mit
Salz und Pfeffer	würzen.
250 g Champignons	putzen, in Scheiben schneiden, mit einem Teil die Forellen füllen.
1 Zwiebel	würfeln.
	Eine feuerfeste Form mit Butter ausfetten. Zuerst die Zwiebeln einfüllen, die Forellen darauf legen und die restlichen Champignons darüber verteilen.
1 Zitrone	auspressen und mit
¼ l Weißwein (trocken)	
⅛ l Sahne	über den Fisch gießen. Im vorgeheizten Backofen 30 Minuten zugedeckt garen. Anschließend die Forellen herausnehmen und auf einer vorgewärmten Platte anrichten.

Soße

1 TL Stärkemehl	
1 Eigelb	mit etwas Fischsud verrühren, zum Fischsud geben, am besten alles mit dem Pürierstab mixen,
1 Zweig Dill	abzupfen und fein hacken, zur Soße geben, aufkochen lassen, mit
Salz, Pfeffer und etwas Brühe (gekörnt)	abschmecken und zu den Forellen servieren.

Reichen Sie dazu Kartoffeln und grünen Salat.

Allee zum Schloss in Eichtersheim

Vorbereitung des Spargels

Den Spargel sehr sorgfältig waschen, 2 cm unterhalb des Köpfchens mit dem Schälen beginnen und das Holzige entfernen. Den Spargel gleichmäßig kürzen und je 10 bis 12 Stück zusammenbinden.

Kaltes Wasser	aufsetzen.
½ TL Salz	
1 Prise Zucker	
1 TL Butter	zugeben und aufkochen. Den gebündelten Spargel hineinlegen, der Sud sollte den Spargel bedecken, und in circa 12 bis 18 Minuten bei mäßiger Hitze bissfest kochen. Spargel entnehmen, den Sud durch ein Sieb geben, Spargel und den Sud nach Belieben weiter verwenden.

Das Kochen des Spargels im gesalzenen und gewürzten Sud der Schalen ist dem üblichen Kochen im Salzwasser unbedingt vorzuziehen, weil das Aroma dadurch wesentlich verstärkt wird und der Spargel viel besser schmeckt.

Lehmbackofen um 1500

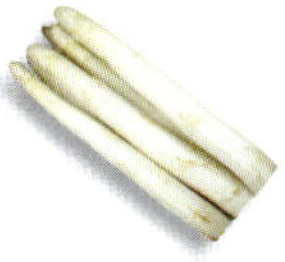

Schneller Spargelkuchen

1 kg Spargel	zubereiten. Von
250 g Toastbrot	Rinde entfernen und eine flache, gebutterte Kuchenform von 28 cm Ø damit auslegen.

Für den Belag

	Spargel sternförmig auf dem Toastbrot anordnen.
200 g Frühstückspeck	würfeln, in
100 g Butter	anschwitzen, über den Spargel geben.
4 Eier	
250 ml süße Sahne	verquirlen,
3 EL Emmentaler (gerieben)	unter die Eimasse rühren, mit
Salz und Pfeffer	würzen. Über den Spargel gießen und im vorgeheizten Backofen bei 200 °C circa 15 Minuten backen.

Bereiten Sie aus dem Sud und den Spargelschalen eine Spargelcremesuppe zu und reichen Sie diese als Vorspeise.

Walfriedes Spargelrollen

Pro Rolle:

Gekochter Schinken (3 mm dick)	ausbreiten, darauf
2 Scheiben Käse (z. B. Emmentaler)	
3 dicke Spargel (gekocht)	legen und einrollen, mit Zahnstocher feststecken, in
Mehl	wenden.
1 Ei	verquirlen, darin wenden, in
Paniermehl	wenden,
1 EL Butter	erhitzen, die Rolle rundherum anbraten und heiß servieren.

Blick zur Kirche im Schlosshof Neipperg in Schwaigern

Spargelstrudel von Therese

(für 4 Stück Strudel)

500 g grüner oder weißer Spargel	schälen, nur 9 Minuten kochen. Sud später weiter verwenden.
100 g Gouda (mittelalt)	reiben,
300 g TK-Blätterteig (1 Rolle)	in 4 Teile schneiden.
4 Scheiben Schinken	auf die 4 Teigplatten verteilen, ¼ der Spargel auf jede Platte schichten, den Käse darüber streuen, den Teig zuklappen, die Seitenteile nach oben einschlagen.
1 Eigelb	verquirlen und die Strudeloberflächen bestreichen. Die Strudel auf einem mit Backpapier ausgelegten Backblech bei 220 °C etwa 20 Minuten backen.

Spargel – ein königliches Gemüse

Den Genuss des Spargels haben wir den Römern zu verdanken, die die Spargelpflanzen im 2. Jahrhundert aus dem Mittelmeerraum ins nördliche Germanien brachten.
In Italien geliebt und geschätzt, wollten die Römer auf diese Delikatesse in ihren eroberten Provinzen nicht verzichten. Auch als Heilmittel wurde der Spargel eingesetzt, besonders bei Gallenleiden und Rheuma, da er als harntreibend und reinigend galt. Weil der Spargel so rar und sehr teuer war, konnten es sich jedoch nur die Fürsten und die Oberschicht leisten. Erst mit Beginn des 19. Jahrhunderts konnte dieses delikate Gemüse durch die Erfindung der Konservendose vermehrt angepflanzt und vermarktet werden.

Das Hauptanbaugebiet in unserer Region ist die Rheinebene um Bruchsal und Schwetzingen. Die sandigen Böden und das milde nordbadische Klima mit einer Jahresdurchschnittstemperatur von 9,1 °C sind optimale Voraussetzungen für Spargel vorzüglicher Qualität.

Hohlwege-Kreuzung

Spargel gehört zu den wenigen Gemüsen, die nicht das ganze Jahr zur Verfügung stehen. Die Spargelsaison beginnt – je nach Witterung – Anfang April und endet traditionell am Johannistag, dem 24. Juni. Dann müssen sich die Pflanzen wieder regenerieren, damit sie im folgenden Jahr erneut beerntet werden können.

Weißer Spargel ist angenehm mild, weil er bis zum Stechen unter der Erde bleibt. Violetter Spargel gewinnt etwas mehr Aroma, da seine Köpfchen schon vor der Ernte aus dem Boden ragen und von dem Klima profitieren. Grüner Spargel wächst überirdisch und schmeckt deshalb am kräftigsten. Alle Spargelsorten sind kalorienarm und enthalten Kalium, Magnesium, Kupfer, Folsäure sowie die Vitamine E und die der B-Gruppe sowie weitere Spurenelemente wie Zink und Molybdän.

Beim Einkauf achtet man besonders auf Frische. Diese erkennt man an seinem prallen, glänzenden Aussehen und den geschlossenen Köpfchen. Kann der Spargel nicht sofort zubereitet werden, gibt man ihn ungeschält in ein feuchtes Tuch oder tropfnass in einen Frischhaltebeutel. Aufbewahrt im Kühlschrank hält er sich bis zu drei Tage lang.

Der weiße und violette Spargel wird immer vom Kopfansatz zum Schnittende geschält. Beim Grünspargel schält man nur das untere Drittel. Zum Schluss wird das eventuell holzige Ende der Stangen abgeschnitten.

Zum Spargel passen perfekt ein guter gekochter oder roher Schinken, holländische Soße und junge Kartoffeln. Dazu schmeckt vorzüglich ein badischer Weißwein wie zum Beispiel ein Auxerrois, ein frischer Silvaner, ein Riesling oder ein vollmundiger Rivaner.

Vorstadtmauer Gochsheim

Soßenvarianten für Spargelgemüse

Klassische Buttersoße

30 g Butter	erhitzen;
40 g Mehl	zufügen, hellgelb anschwitzen, mit dem Schneebesen so lange rühren, bis es Bläschen zeigt, mit
½ l Spargelbrühe	ablöschen.
Salz, Pfeffer (weiß), Muskat	zufügen, 10 Minuten köcheln lassen. Kurz vor dem Anrichten
1 EL Butter	einrühren und mit
1 Eigelb	
3 EL Sahne	legieren.

Sauce Hollandaise

1 EL Tafelessig	
2 EL Wasser	
1 Prise Salz	
4 Pfefferkörner (zerdrückt)	in einer kleinen Pfanne bis auf 1 EL Flüssigkeit einkochen lassen, abkühlen lassen, durchsieben.
3 Eigelb	
1 EL Weißwein	verquirlen, zufügen. Die Soße mit dem Schneebesen in heißem, jedoch nicht kochendem, Wasserbad so lange schlagen, bis sie wie eine Mayonnaise eingedickt ist.
200 g Butter	zerlassen, abkühlen lassen, tropfenweise unter ständigem Rühren zur Soße geben.
2 EL Spargelbrühe	
Saft ¼ Zitrone	
1 Prise Muskat	
1 EL süße Sahne	vermischen, unterziehen.

Geschlagene Soße sollte sofort zur Speise gegeben werden, ansonsten bis zum Verzehr im Wasserbad warm halten, damit sie nicht gerinnt.

Spargel und Pfannkuchen mit Sauce Hollandaise

Sauerampfersoße

150 g Sauerampfer	fein hacken, in
50 g Butter	5 Minuten dünsten, mit
250 ml Spargelbrühe	ablöschen, 10 Minuten köcheln lassen, mit
2 Eigelb 3 EL Spargelbrühe	legieren.
200 g Sauerrahm oder Crème fraîche	unterziehen, mit
Salz, Pfeffer, Muskat	würzen.

Anstatt nur Sauerampfer kann man auch gemischte Kräuter, wie Petersilie, Kerbel oder Zitronenmelisse verwenden.

Geranien im Herbst

Spargel-Cocktail

500 g Spargel	schälen, in 1 bis 2 cm lange Stücke schneiden, 12 bis 15 Minuten kochen. Sud beiseite stellen.
2 Eier (hart gekocht)	
200 g gekochter Schinken	in Würfel schneiden,
Mandarinen aus der Dose	abtropfen lassen, alle Zutaten mit den Spargelstücken und
100 g Krabben oder Gambas	mischen.

Soße

200 g Joghurt	
50 g Mayonnaise	
1 TL Senf	
Salz und Pfeffer	
100 ml Spargelsud	verrühren.
1 kleine Zwiebel	würfeln,
Gartenkräuter (Liebstöckel, Thymian, Rauke, Zitronenmelisse, Dill)	fein hacken und 1 EL davon mit den Zwiebeln unter die Soße geben. Die Soße mit den Zutaten vermischen und den Cocktail mindestens 1 Stunde ziehen lassen. Cocktailgläser mit je
1 Blatt Kopfsalat	auslegen, den Spargelsalat einfüllen und mit
Zitronenmelisse oder Schnittlauch	garnieren.

Probieren Sie anstatt den Krabben klein geschnittenen Räucherlachs, schmeckt ebenfalls vorzüglich.
Servieren Sie den Cocktail als Vorspeise oder als Snack zwischendurch, mit verschiedenen Brotsorten und reichen Sie einen trockenen Weißwein dazu.

Tür mit Beschlag

Spargel im Pilzbett

800 g Spargel	schälen und 15 Minuten kochen. Sud weiter verwenden.

Für das Pilzbett

250 g Champignons oder Mischpilze	putzen, klein schneiden,
1 Zwiebel	würfeln,
½ Bund Petersilie	fein hacken,
1 Karotte	
200 g gekochter Schinken	in kleine Würfel schneiden.
1 EL Öl	erhitzen, darin zuerst die Zwiebel, dann Pilze, Karotte und Petersilie dämpfen, den Schinken dazu geben, mit
Salz, Pfeffer, Muskatnuss	würzen.
150 ml Sahne	zugießen. Den Spargel auf den Pilzen anrichten,
Sauce Hollandaise (Rezept S. 138)	darüber geben, mit
1 EL Petersilie (fein gehackt)	bestreuen.

Drachentöter-Wappen in Östringen

Überbackener Spargel

1 kg Spargel	schälen, etwa 10 Minuten kochen, durch ein Sieb gießen, Sud beiseite stellen. Jeweils 4 bis 6 Spargel in eine von
4 Scheiben gekochter Schinken	einwickeln und in eine gefettete Auflaufform legen.

Soße

50 g Butter	erhitzen, darin
50 g Mehl	hell anschwitzen, mit
½ l Spargelbrühe	ablöschen, gut verrühren, 5 Minuten kochen, vom Herd nehmen, mit
Salz, Pfeffer und Muskatnuss (gerieben)	abschmecken.
2 Eigelb	
6 EL süßer Sahne	verrühren und unterziehen. Die Soße über die Spargelrollen geben.
100 g Emmentaler	reiben, überstreuen und 15 bis 20 Minuten bei 190 °C backen.

Einfachere Variante (aus 1 kg Spargel und etwa 10 Scheiben gekochtem Schinken)

	Spargel zubereiten, davon jeweils 2 Spargel in eine Scheibe gekochten Schinken einwickeln, dicht nebeneinander in eine gut gebutterte Auflaufform legen.
200 ml Sahne	darüber gießen,
200 g Käse (gerieben)	darüber streuen. 10 bis 15 Minuten bei 190 °C überbacken.

Servieren Sie dazu Salzkartoffeln aus neuen Kartoffeln.

Überbackener Spargel

Spargel im Rock mit Sauce Hollandaise

Spargel	
800 g Spargel	schälen, kochen, warm stellen.
Pfannkuchenteig	
100 g Mehl	
200 ml Milch	
2 Eier	
¼ TL Salz	zu einem glatten Teig verrühren, 4 dünne Pfannkuchen (Crepes) herausbacken.
	Auf jeden Pfannkuchen 4 bis 6 Spargel legen und so wie eine Tüte spitz einschlagen, dass die Spargelköpfe herausschauen.
Sauce Hollandaise (Rezept S. 138)	darüber geben, mit
Petersilie (gehackt)	bestreuen und servieren.

Legen Sie nach dem Backen (noch in der Pfanne) je zwei Scheiben rohen oder gekochten Schinken auf den Pfannkuchen. Lassen Sie den Schinken etwas warm werden und wickeln Sie die Spargel darin ein.

Katzenbach in Odenheim

Spargelsalat von Christa

1 kg Spargel	schälen, in 1 bis 2 cm lange Stücke schneiden, circa 10 bis 14 Minuten kochen. Sud beiseite stellen.
2 Eier (hart gekocht)	in Würfel schneiden,
1 kleine Dose Champignons	abtropfen lassen, etwa
10 Radieschen	in Scheiben schneiden, alle Zutaten in eine Schüssel geben.

Soße

5 EL Weißweinessig	
4 EL Öl	
Spargelsud nach Belieben	
½ TL Salz	
Pfeffer (weiß)	
125 ml Sahne	verrühren, mit den Salatzutaten mischen.
1 Bund Schnittlauch	in Röllchen schneiden und darüber streuen.

Dieser Salat schmeckt vorzüglich als kleiner Imbiss oder als Vorspeise zu Weißbrot.

Nachtwächter in Heidelsheim

Spargelcremesuppe

Vorbereitung	
500 g Suppenspargel	schälen, in 2 cm große Stücke schneiden, nur die Schalen und das Holzige in
1 l Wasser mit ½ TL Salz	und
1 TL Butter	30 Minuten kochen, Schalen absieben, mit dem Sud die Spargelstückchen bissfest kochen (circa 5 bis 10 Minuten).

Suppe	
80 g Butter	erhitzen, darin
100 g Mehl	hellgelb anschwitzen, mit dem Spargelwasser ablöschen und kräftig durchrühren, mit
Salz, Pfeffer (weiß), Muskat	und
1 TL Suppengewürz	abschmecken, 15 Minuten kochen.
1 Eigelb	
150 ml süße Sahne	
3 EL Weißwein	verrühren und in die nicht mehr kochende Suppe einrühren. Die Spargelstückchen zufügen, mit
Petersilie oder Schnittlauch	bestreuen und heiß servieren.

Wasserschloss in Fürfeld

Zierpflaumenbaum im Kraichgau

Spargel mit Rührei und Kalbsmedaillons

500 g Spargel	schälen, kochen, Sud später weiter verwenden.
8 Kalbsmedaillons (à 75 g)	flachdrücken, mit
Salz und Pfeffer	würzen.
1 EL Butterschmalz	erhitzen, die Medaillons 3 Minuten auf beiden Seiten braten, auf eine feuerfeste Platte setzen und die Spargel darauf verteilen.

Für das Rührei

2 EL Butter	erhitzen,
4 Eier	verquirlen, mit
Salz und Pfeffer	würzen und in der Butter stocken lassen, über die Spargel geben.
Sauce Hollandaise (Rezept S. 138)	darüber gießen. Im Backofen bei 200 °C etwa 5 bis 10 Minuten überbacken.

Mit der Stadtbahn durch den Kraichgau

Ältere Mitbürgerinnen und Mitbürger erinnern sich bestimmt noch an die Zeiten, als auf der Kraichtalbahn betagte Dampfloks schnauften. Den Beinamen »Entenköpfer« erhielt diese Bahn im Volksmund, weil das Zügle durch die landwirtschaftlich geprägten Ortschaften im idyllischen »Gänserübenland« so gemütlich fuhr und die vielen umherlaufenden Enten und Gänse dabei ab und zu unter die Räder kamen.
Ebenso wie das freilaufende Federvieh ist aber inzwischen auch der »Entenköpfer« Geschichte. Nachdem zwischenzeitlich der Betrieb auf Dieseltraktion umgestellt worden war, drohte Anfang der 1990er Jahre sogar die komplette Stilllegung des Bähnchens. Die Rettung nahte in Gestalt der neu entwickelten Karlsruher Stadtbahn. Sie bot nicht nur Pendlern und Schülern bessere Verbindungen, sondern verhalf dem Kraichgau mit seiner wertvollen und an Naturkostbarkeiten reichen Landschaft zu einer Renaissance als Naherholungsgebiet.

Großherzogtum Baden

Das Besondere der neuen Bahn besteht darin, dass sie sowohl auf den Gleisen der Deutschen Bahn als auch auf den Schienen des Straßenbahnnetzes in der Stadt Karlsruhe fahren kann. So verbindet die Stadtbahn inzwischen die Städte Karlsruhe, Bruchsal, Bretten, Eppingen und Heilbronn miteinander. Das hervorragend ausgebaute Netz des Karlsruher Verkehrsverbundes eröffnet nach Belieben Möglichkeiten zum Einstieg, auch mit dem Fahrrad, um so den gesamten Kraichgau und die Städte zu erkunden.
Ob es die aus dem Dornröschenschlaf erweckten Hohlwege sind oder das Städtchen Gochsheim mit Schloss, Museen und Trockenmauern, das Bruchsaler Schloss oder die Trockenhänge am Michaelsberg, die Störche bei Ubstadt oder die prächtigen Fachwerkbauten in Weingarten, Bretten und Eppingen, die reizvollen Streuobstwiesen und Weingärten oder die Schlossgärten in Karlsruhe und Bruchsal – für jeden Anspruch ist das Angebot groß.
Die uralte Kulturlandschaft und die Winzertradition des Kraichgaus bringt auch kulinarische Kostbarkeiten hervor, die den Aufenthalt zum Genuss werden lassen. Neben den traditionellen, für ihre hervorragende Küche bekannten Gasthäusern sind es auch die sporadisch geöffneten Besenwirtschaften in den Weinorten, die sehr gerne nach dem Abschluss eines Erlebnistages im Kraichgau besucht werden.

Mit Unterstützung von Herrn Georg Nowak-Hertweck, KVV

Stadtbahn Menzingen

Stadtbahn Heilbronn

Kartoffelkuchen – Eine Spezialität aus Münzesheim

Hefeteig (Rezept S. 152)	aus 250 g Mehl herstellen.

Belag

500 g Kartoffeln	schälen, vierteln, in Salzwasser weich kochen, abgießen, abdampfen, zu einem groben Brei stampfen.
200 g Schmand	
2 Eier	
½ TL Salz	
50 g Mohn	cremig rühren, mit dem Kartoffelbrei vermischen und auf den Hefeteig streichen.
150 g Speckwürfel	darüber verteilen. Den Kuchen im vorgeheizten Backofen bei 180 °C goldbraun backen.

Dieser Kuchen wurde in Münzesheim früher immer samstags als Mittagessen serviert. Heute wird er oft als Snack zu einem Glas Bier gereicht. Auch wird der Kartoffelkuchen bei den Kraichgauer Dorffesten, wie in anderen Gegenden der Zwiebelkuchen, angeboten.

Blick auf Odenheim

Portal Schloss Schomberg

Lauchwähe

Teig

250 g Mehl	auf ein Brett geben, in die Mitte ein Vertiefung eindrücken,
150 g Butter	in kleine Stücke teilen, zufügen.
1 Ei	
1 Prise Salz	
3 EL saure Sahne	in die Vertiefung geben und alles zu einem festen Teig verkneten. Im Kühlschrank 30 Minuten ruhen lassen.
	Anschließend auswellen und eine gut gefettete Kuchenform von 28 cm Ø auslegen, den Rand 3 cm hochziehen.

Belag

750 g Lauch	halbieren, waschen, in feine Streifen schneiden,
2 Zwiebel	würfeln,
2 EL Butter	erhitzen, Lauch und Zwiebel darin dämpfen.
150 g gekochter Schinken	in feine Streifen schneiden, mit dem Lauch und den Zwiebeln mischen und auf dem Teig verteilen.
1 Ei	
200 g saure Sahne	
1 EL Mehl	
½ TL Salz,	verrühren.
Je 1 Msp. Pfeffer (gemahlen), Muskat, Paprika (edelsüß)	
150 g Käse (gerieben)	unterheben und auf dem Belag verteilen. Bei 200 °C etwa 40 Minuten backen.

Die Lauchwähe ist eine vollwertige Mahlzeit und kann sowohl als Mittagessen als auch abends serviert werden.

Hirsch

Peterlingkuchen (Petersilienkuchen)

Hefeteig (Rezept S. 152)	aus 250 g Mehl herstellen.

Belag

250 g Quark	
4 EL Milch	
1 Ei	
1 Prise Salz	
1 EL Mehl	verrühren, auf den Teig streichen.
300 g Petersilie	waschen, entstielen, fein hacken, mit
6 EL Öl	
1 TL Salz	vermischen und auf dem Quark verteilen.

Rahmguss

3 Eigelb	
3 EL Mehl	
250 g saure Sahne	verrühren.
3 Eiweiß	zu Schnee schlagen und unterheben. Den Rahmguss auf dem Kuchen verteilen.
50 g Speckwürfelchen	
50 g Butterflöckchen	darüber streuen. Im vorgeheizten Backofen bei 175 °C etwa 35 bis 40 Minuten backen und heiß servieren.

Blick auf Tiefenbach

Brunnen in Bad Langenbrücken

Em Besa (Im Besen)

Mundartgedicht von Gerhard Frick, Ölbronn

Em Besa do isch »dicke Luft«,
jeder nach em Krügle ruft.
Ob Rotwein, Weißwein, ist egal,
eingeschenkt wird optimal.

A' Weinle schlotze, des macht Spaß,
besonders aus em Henkelglas.
Dazu a Hausmannsvesperteller,
da schnalzt die Zunge immer schneller.
A Schnitzel, Rot- und Leberwurst,
fein gewürzt, das hebt den Durst.

Die Stimmung steigt, es wird gelacht,
viele Witze auch gemacht.
Ganz eng wird da zusammengruckt,
keiner sich vor'm Andern duckt.
»Wie haisch'en Du, und wo kommsch her?«,
so des Geschwätz, koi Hemmung mehr.

Jeder sagt zu jedem »Du«,
wenn's druf ankommt: »Dumme Kuh'«.
Alles dies schon vorgekommen,
jedoch nicht tierisch ernst genommen.

Die Leut', sie kommen aus der Stadt,
weil es dort koin Besa hat.
Herz und Seele werden frei,
die Viertele, die schmecke fei.

Genieße sie mit Spaß und Freud',
die urgemütlich Besazeit!

Pferdegespann beim Umzug

Zwiebelkuchen von Meta

Hefeteig	
½ Würfel Hefe	in eine große Tasse bröseln, mit
½ TL Zucker	
6 EL Milch (lauwarm)	verrühren und zugedeckt 10 Minuten aufgehen lassen.
250 g Mehl	
½ TL Salz	in eine Schüssel geben, die Hefe in die Mitte geben,
50 g Margarine	erwärmen,
120 ml Milch (lauwarm)	dazugeben und alles zu einem festen Teig kneten. Zugedeckt etwa 40 Minuten an einen warmen Ort stellen, bis er die doppelte Größe hat. Den Teig auf einem gefetteten Backofenblech auslegen.

Belag	
1 kg Zwiebel	würfeln, in
3 EL Öl	glasig dämpfen, erkalten lassen.
5 Eier	schaumig rühren,
400 g saure Sahne	
1 TL Salz, Pfeffer (weiß)	
½ TL Kümmel	
2 EL Mehl	unterrühren, die Zwiebeln unterheben und die Masse auf dem Teig verteilen.
100 g Rauchfleischwürfel	und
50 g Butterflöckchen	darauf verteilen.
	Im vorgeheizten Backofen bei 175 °C etwa 35 bis 40 Minuten backen und heiß servieren.

Diese badisch-schwäbische Spezialität schmeckt besonders gut mit frisch geernteten Zwiebeln und wird im Oktober zu neuem Wein serviert.

Kirche in Unterderdingen

Quiche Lorraine

Mürbteig

250 g Mehl	auf ein Backbrett geben, in die Mitte eine Vertiefung eindrücken,
125 g Butter (kalt)	klein würfeln, mit
1 Ei	
1 Prise Salz	in die Vertiefung geben und zu einem geschmeidigen Teig verarbeiten. Etwa 30 Minuten im Kühlschrank ruhen lassen. Anschließend auswellen und eine gut gefettete Form auslegen, den Rand 3 cm hochziehen.

Belag

200 g dickere Scheiben Räucherspeck (ohne Schwarte)	in Steifen schneiden und auf dem Kuchenboden verteilen.
3 Eier	
250 g Crème fraîche	verrühren,
200 g Käse (gerieben)	untermischen, mit
1 Prise Salz, Pfeffer, Muskat	würzen. Die Creme gleichmäßig über den Speck gießen. Im Backofen bei 175 °C circa 35 Minuten backen und sofort servieren.

Schlosspark in Gemmingen

Weinfass in Derdingen

Kartoffelbrei (Kartoffelpüree)

1 kg Kartoffeln	schälen, vierteln, in
¼ l Salzwasser	weich kochen. Das Wasser abschütten, den offenen Topf mit einem Tuch bedecken und die Kartoffeln abdampfen.
50 g Butter	und
400 ml Milch	erwärmen.
	Die Kartoffeln durch die Kartoffelpresse oder den Spätzlesdrücker in die Milch drücken. Mit dem Schneebesen kräftig rühren. Falls der Brei zu fest ist, etwas heiße Milch zugeben, mit
Salz, Pfeffer, Muskat	würzen und sofort servieren.

Geben Sie beim Anrichten in Butter gebratene Zwiebelringe über den Kartoffelbrei.
Kartoffelbrei schmeckt hervorragend zu Sauer-, Rot- und Wirsingkraut.
Im Kraichgau wird Kartoffelbrei und Apfelbrei zusammen als Diät- und auch als Feinschmeckergericht serviert. Es nennt sich »Himmel und Erde«.

Rätsel

Kommt Kinderchen und ratet flink,
was ist das für ein rundes Ding,
das täglich fast so wohl euch schmeckt,
wenn euer Mittagstisch gedeckt?
Die böse Köchin bohrt – o Graus –
ihm oft viel kleine Augen aus.
Sie sticht's mit Zinken ohne Scheu,
und zieht ihm grausam noch dabei
– als hätt sie's Mitleid ganz verloren –
das braune Fell über die Ohren.
Wie's dampft und platzt,
wie's Büblein schmatzt!
Jetzt steht's beim Gänsebraten, wirst du's raten?

Aus einem alten Lesebuch für Schüler

Schloss in Bruchsal

Kartoffelgratin

1 kg Kartoffeln	schälen, in feine Scheiben schneiden.

Soße

½ l Milch	
4 Eier	
1 Knoblauchzehe (gepresst)	
300 g Käse (gerieben)	
Salz, Pfeffer, Muskat	miteinander verrühren.
	Eine Auflaufform mit Butter ausfetten. Die Kartoffelscheiben in die Form setzen, so dass sie wie Dachziegel übereinander liegen. Die Soße darüber gießen.
20 g Butter	in Flöckchen darauf verteilen und im vorgeheiztem Backofen bei 200 °C 50 Minuten backen.
½ Bund Petersilie	fein hacken, darüber streuen und servieren.

Kartoffelkroketten

500 g Kartoffeln (mehlig kochend, am Vortag gegart)	schälen und fein reiben.
30 g Butter	
2 Eigelb	
1 Prise Salz	
Pfeffer, Muskat	schaumig rühren, Kartoffeln dazugeben.
2 EL Mehl	untermischen. Den Teig auf ein Backbrett geben, glatt kneten. Mit der Hand fingerlange Röllchen oder walnussgroße Kugeln formen.
2 Eiweiß	schlagen, Kroketten darin tauchen, in
Semmelbrösel	wenden, in
Öl (Friteuse)	in circa 3 Minuten schwimmend herausbacken (bis sie die gewünschte Farbe haben).

Lichtmessreiten in Derdingen

Kartoffelpuffer (Reibekuchen)

1 kg Kartoffeln (roh)	auf der groben Raffel (Rettichraspel) reiben,
1 TL Butter	erhitzen.
1 Zwiebel	fein würfeln.
½ Bund Petersilie	fein hacken, Zwiebel und Petersilie in der Butter dämpfen, zu den Kartoffeln geben, alles mit
3 EL Haferflocken	
Salz, Pfeffer, Muskat	vermengen. Aus dem Teig flache Küchle formen, sofort in
2 EL Butterschmalz	auf beiden Seiten knusprig backen.

Der Kartoffelteig sollte sofort verarbeitet werden, da sich sonst zu viel Flüssigkeit absetzt.
Eine Spezialität im Kraichgau ist, als Beilage Apfelbrei zu servieren.

Hat jemand sich die Haut verbrannt
und hilft kein Feuersegen,
so darf er auf die Wunde nur
Kartoffelschabsig legen.

aus dem Kartoffellied von S.F. Sauter

Fachwerkhaus in Heidelsheim

Rahmblättle

600 – 800 g Kartoffeln	in ½ cm dicke Scheiben schneiden, etwa 10 Minuten, bis sie bissfest sind, in
Salzwasser	garen.
2 EL Butter	erhitzen,
2 EL Mehl	zugeben und hell rösten, mit
100 ml Milch	ablöschen, mit
½ l Kartoffelkochwasser	auffüllen, aufkochen (falls das Kartoffelwasser nicht reicht, Milch zugeben).
250 g saure Sahne	mit etwas heißer Brühe verrühren, wieder zurück in den Topf geben und kurz aufkochen, mit
Salz, Pfeffer, Muskat,	
Suppengewürz nach Belieben	abschmecken. Nun die Kartoffelscheiben zufügen und kurz ziehen lassen.
Petersilie	hacken, darüber streuen und servieren.

Kartoffelküchle

1 kg Kartoffeln (gekocht, vom Vortag)	schälen, reiben, mit
1 Ei	
150 g Mehl	
Salz, Pfeffer, Muskat	zu einem festen Teig kneten, beliebig große Küchle formen, in
Mehl	wenden.
2 EL Fett	erhitzen, darin die Küchle auf beiden Seiten braun herausbacken.

Der Teig darf nicht lange stehen, sonst wird er weich und man benötigt zu viel Mehl zum Binden. Servieren Sie die Küchle als Gemüse- und Fleischbeilage.

Kraichgauer Hochzeitskleid um 1900

Saure Kartoffelblättchen

1 kg Kartoffeln (mehlig kochend)	schälen, in ½ cm dicke Scheiben schneiden, in
½ l Salzwasser	etwa 10 Minuten halbweich kochen, Wasser abgießen, beiseite stellen, Kartoffeln abdämpfen.

Soße

50 g Butter	erhitzen,
1 Zwiebel	würfeln und in der Butter dämpfen,
2 EL Mehl	hellgelb mitrösten, mit
1 l Fleisch- oder Gemüsebrühe	ablöschen, aufkochen.
4 EL Essig	zugeben.
1 Zwiebel	
1 Lorbeerblatt	
6 Pfefferkörner	
2 Nelken	zufügen, alles zusammen etwa 10 Minuten leicht kochen lassen. Die Zwiebel mit dem Lorbeerblatt, Pfeffer und Nelken herausnehmen. Nun die heißen Kartoffeln vorsichtig unter die Soße heben und weitere 15 Minuten garen, bis die Kartoffeln weich sind. Mit
Salz und Pfeffer	abschmecken und servieren.

Franz Drake hieß der brave Mann,
der vor zweihundert Jahren
von England nach Amerika
als Kapitän gefahren;

und der, als er zurücke kam
von seinen weiten Reisen,
die guten Dinger mitgebracht,
die wir Kartoffel heißen.

Vers 2 und 3 aus dem »Kartoffellied«
von S.F. Sauter

Willkommen in Kraichtal

Verdämpfte Kartoffeln mit Bohnensalat

Kartoffeln

1 ½ kg Kartoffeln	schälen, in Würfel schneiden,
1 Zwiebel	würfeln,
1 EL Schweineschmalz	erhitzen, die nassen Kartoffeln und die Zwiebeln dazugeben,
1 TL Salz	darüber streuen. Alles bei geschlossenem Deckel und mittlerer Hitzezufuhr etwa 20 Minuten garen. Zwischendurch wenden.
1 Bund Petersilie	fein hacken und darüber streuen.
	Kartoffeln abdampfen lassen und mit dem Bohnensalat servieren.

Bohnensalat

1 kg grüne Bohnen (frisch)	gipfeln, abfädeln und schnitzeln (längs halbieren, in
3 l Wasser mit ½ TL Salz	und
1 Zweig Bohnenkraut	etwa 10 Minuten bissfest garen, abgießen, abtropfen lassen.

Marinade

1 Zwiebel	würfeln,
5 EL Öl	erhitzen, Zwiebel darin andünsten, mit
100 ml Gemüsebrühe	
5 EL Essig	
1 Prise Pfeffer	
¼ TL Salz	
¼ TL Senf	verrühren. Die Marinade mit den Bohnen gut vermischen und durchziehen lassen.
½ Bund Petersilie	fein hacken und über den Salat streuen.

*Reichen Sie dazu weich oder hart gekochte Eier oder gebackenen Fleischkäse.
Dieses Gericht war früher im Sommer ein typisches »Samstagsessen«.*

Steinhauermuseum in Mühlbach

Leberknödel

5 trockene Brötchen (vom Vortag)	in dünne Scheiben schneiden,
⅛ l Milch	erhitzen, über die Brötchen gießen und 1 Stunde zugedeckt stehen lassen.
300 g Rinderleber (gemahlen)	in eine Schüssel geben.
1 Zwiebel	würfeln,
1 Bund Petersilie	fein hacken,
2 Eier	
40 g Mehl	
40 g Paniermehl	
Schale ¼ Zitrone (gerieben)	alle Zutaten mit der Leber vermischen, zuletzt die Brötchen untermengen, mit
½ TL Salz, Pfeffer (weiß), ½ TL Majoran	würzen. Aus dem Teig faustgroße Knödel formen.
1 ½ l Fleischbrühe	zum Kochen bringen, Knödel darin 30 Minuten zugedeckt ziehen lassen. Mit dem Schaumlöffel herausnehmen und servieren.

Die Knödel kann man in der heißen Brühe servieren oder als Beilage zu Sauerkraut reichen.
Kochen Sie zuerst einen Probekloß. Ist der Knödel zu weich, fügen Sie dem Teig noch etwas Paniermehl zu.

Übrigens: Im Kraichgau gibt es einen »Knödelkönig«! Werner Fitterling vom Restaurant »Ölmühle« in Oberderdingen hatte den längsten Serviettenknödel der Welt hergestellt. Er war exakt 100 Meter und sieben Zentimeter lang und kam somit ins Guinness Buch der Rekorde. Der Koch hält das Patent auf Knödel in Dosen und wurde damit als »Knödelkönig« bekannt.

Der Knödelkönig

Bärlauchknödel (ergibt 12 Knödel)

300 g Knödelbrot oder 6 Brötchen (vom Vortag)	Brötchen in Würfel schneiden,
180 ml Milch	erhitzen und über die Brötchen gießen, zugedeckt etwa 1 Stunde gut durchziehen lassen.
2 EL Butter	erhitzen,
1 Zwiebel	würfeln und in der Butter goldgelb dünsten.
3 Eier	
½ TL Salz	
Pfeffer, Muskat	verquirlen, mit der Zwiebel zu den Brötchen geben und zu einem glatten Teig verarbeiten.
100 g Bärlauch	waschen, entstielen, in feine Streifen schneiden und mit dem Teig verkneten. Mit befeuchteten Händen Knödel formen und in
3 l Salzwasser	10 Minuten ziehen lassen. Mit dem Schaumlöffel herausnehmen, abtropfen lassen und servieren.

Rose und Lavendel

Serviettenknödel (Serviettenkloß)
(für 2 Personen)

3 Brötchen (vom Vortag)	in Würfel schneiden.
4 EL Dosenmilch	
4 Eier	verrühren, über die Brötchen gießen und zugedeckt 30 Minuten ziehen lassen.
1 Zwiebel	würfeln,
½ Bund Petersilie	fein hacken,
60 g Butter	erhitzen, Zwiebel und Petersilie darin dünsten und zu den Brötchen geben, mit
Salz, Pfeffer, Muskat	würzen und gut vermengen. Einen Kloß formen, in eine weiße Stoffserviette geben, zubinden und in
3 l Salzwasser	etwa 20 Minuten kochen lassen. Den Kloß aus der Serviette nehmen und servieren.

Der Trapper vom Kraichgau – genannt Dachsenfranz

Mit richtigem Namen hieß er Francesco Regali. Er wurde 1840 in Mailand geboren und nahm als junger Bursche am Krieg des italienischen Freiheitskämpfers Garibaldi teil. Weil er einen despotischen Vorgesetzten niedergestochen hatte, musste der junge Regali fliehen. Der Italiener wurde verfolgt und verwundet. Noch im hohen Alter waren die Narben zu erkennen. Weil er sich in den Bergen gut auskannte und ein exzellenter Reiter war, konnte er den Verfolgern entkommen. Auf seiner Flucht über die Alpen, durch die Schweiz, Österreich und den Bayrischen Wald kam er in den Kraichgau. Dort fand er gute Lebensbedingungen und lebte jahrzehntelang bis zum Ausbruch des Ersten Weltkrieges 1914. Als Unterkunft dienten ihm Höhlen, die sich der Einsiedler in die zahlreich vorhandenen Hohlwege grub. Er legte sie mit Heu und Fellen aus, ließ jedoch nie einen seiner Besucher ins Innere blicken. Der »Dachsenfranz«, stets von zwei Hunden begleitet, war ein Meister im Fallen stellen, doch jagte er ausschließlich Raubwild wie Füchse, Marder, Dachse, Wildkatzen und

Dorfbrunnen in Neibsheim

anderes »Lumpenzeug«, wie er sich ausdrückte. Seinen Lebensunterhalt verdiente er mit dem Verkauf von Raubtierfellen und seiner Tätigkeit als Kammerjäger in der gesamten Region, die ihn bis zur Bergstraße führte. Keiner verstand es wie er, Bauernhöfe und Mühlen von lästigen Ratten und Mäusen zu befreien. Den Bauern verkaufte Regali auch »Dachsenfett«, eine Spezial-Salbe, die er in einem Kessel selbst zubereitete. Mit diesem Wundermittel und anderen Kräutermischungen heilte er in jener Zeit so manches Zipperlein.
Da der Sonderling im Wald kaum Gelegenheit hatte, sich und seine Kleider zu waschen, verbreitete er einen etwas unangenehmen »Duft« und wenn jemand die Nase rümpfte, erwiderte er nur: »Ich stink doch net, ich riech doch nur nach Dachsenfett«!
Seine Mahlzeiten bereitete Regali in einem Kessel über offenem Feuer zu. Das Fleisch aß er auch roh gepökelt oder gegrillt. Dabei soll seine Spezialität ein legendäres Rezept »Dachs à la Dachsenfranz« gewesen sein, das ausgezeichnet geschmeckt haben soll.
Mit seinem langen Bart und seiner kauzigen Art war der Dachsenfranz unter den Kindern eine Riesenattraktion. Er verkaufte auch Postkarten mit seinem Konterfei, was seine Bekanntheit und seine Beliebtheit beweist.
Eines Tages, im Alter von 75 Jahren, war der Dachsenfranz plötzlich verschwunden. Was mit ihm geschah, bleibt für immer ein Geheimnis. Zu seiner Erinnerung braut die Adlerbrauerei in Zuzenhausen eine Bierspezialität, für dessen Namen der »Dachsenfranz« Pate gestanden hat. Die Gemeinde veranstaltet alle zwei Jahre ein Dachsenfranzfest, bei dem an den kauzigen Trapper vom Kraichgau erinnert wird.

Kirche in Östringen

Omas Kartoffelknödel

1 kg Kartoffeln (mehlig kochend)	am Vortag kochen.
2 trockene Brötchen	in Würfel schneiden, in
20 g Butter	rösten,
1 Zwiebel	würfeln,
1 Bund Petersilie	fein hacken,
1 EL Butter	erhitzen, die Zwiebel und Petersilie darin dämpfen.
	Die Kartoffeln schälen, reiben und mit den Brötchen, Zwiebel und Petersilie und
2 Eier	
½ TL Majoran (frisch, gehackt)	
je 1 Prise Salz, Pfeffer, Muskat	
100 g Mehl	
50 g Grieß	gut vermengen. Mit bemehlten Händen gleich große Klöße formen. In
3 l Wasser mit 1 TL Salz	8 bis 10 Minuten bei geöffnetem Deckel ziehen lassen, herausnehmen.
2 EL Paniermehl	in
30 g Butter	hellbraun rösten und beim Anrichten über die Knödel geben.

Servieren Sie die Knödel als Hauptgericht, mit Zwiebeln abgeschmälzt, zu grünem Salat oder als Beilage zu Sauerbraten oder Gulasch. Sie schmecken auch vorzüglich zu jedem herzhaften Ragout und Wild. Kochen Sie zuerst einen Probekloß. Ist der Knödel zu weich, fügen Sie dem Teig noch etwas Kartoffelmehl hinzu.

Hortensien

Waltrauds Weckklöße (ergibt 16 Klöße)

8 trockene Brötchen (vom Vortag)	in feine Scheiben schneiden, mit
375 ml Milch (kochend)	übergießen und zugedeckt etwa 60 Minuten durchziehen lassen.
1 Zwiebel	würfeln,
1 Bund Petersilie	fein hacken.
30 g Butter	und
50 g Speckwürfelchen	erhitzen, darin Zwiebel und Petersilie kurz dämpfen, zu den Brötchen geben.
4 Eier	
¼ TL Salz, 1 Prise Pfeffer und Muskat	
2 EL Haferflocken	
1 EL Grieß	zufügen und alle Zutaten zu einem festen Teig verarbeiten. Mit nassen Händen Knödel formen, in
3 l Salzwasser (kochend)	10 Minuten ziehen lassen, mit dem Schaumlöffel herausnehmen und servieren.

Flehinger Schloss

Weckknödel

Sauerkraut

1 große Zwiebel	würfeln, in
40 g Schweinefett	glasig dünsten, mit
1 l Fleisch- oder Gemüsebrühe	ablöschen.
1 kg Sauerkraut	mit der Gabel auflockern und dazugeben.
3 kleine Kartoffeln (roh)	
2 Äpfel	reiben, mit
6 Wacholderbeeren	
3 Pfefferkörner	
1 Lorbeerblatt	zum Kraut geben und vermischen. Ohne zu Rühren etwa 30 Minuten bis zur gewünschten Bissfestigkeit garen.
100 ml Weißwein (trocken) oder Sekt	angießen, kurz aufkochen lassen und servieren.

Moderne Milchsäuregärung im Steinzeugtopf – Zur Herstellung von Sauerkraut

Wenn Ihnen die herkömmliche Säuerung, wie bei den »Sauren Bohnen« beschrieben, zu aufwändig erscheint, probieren Sie einmal die »gesunde Milchsäuregärung« im speziell hierfür entwickelten Steinzeugtopf mit der Wasserrinne.

Dieser wird bei 1200 °C gebrannt und ist mit einer bleifreien Spatglasur überzogen. Daher nimmt er keinen Geschmack an, ist sehr leicht zu reinigen und garantiert eine fast unbegrenzte Lebensdauer. Der Topfdeckel in der stets gefüllten Wasserrinne sorgt für den luftdichten Abschluss der Gemüseeinlage. Unangenehme Kahmhefebildung (Eintrüben der Flüssigkeit) wird dadurch verhindert und eine zusätzliche Pflege ist nicht erforderlich. Der zweiteilige Beschwerungsstein sorgt dafür, dass die Einlage immer mit Flüssigkeit bedeckt ist und erzeugt den richtigen – für die Gärung notwendigen Druck. Tuch, Brett und Stein fallen hier also weg und ebenso die lästige Kahmbildung.

Gärtopf

Durch das Auffüllen der Wasserrinne bleibt die sich bei der Gärung bildende Kohlensäure weitgehend im Topf und gleichzeitig wird das Eindringen von Keimen von außen verhindert. Die überschüssige Kohlensäure kann bei entsprechendem Innendruck aus dem Topf entweichen, aber keine Luft (Sauerstoff) hinein. Ein deutliches »gluck, gluck« sagt Ihnen, dass der Gärprozess in Gang gekommen ist. Von jetzt ab muss man nur darauf achten, dass die Wasserrinne stets gefüllt ist. Da der Gärtopf bei Zimmertemperatur zwei bis drei Tage stehen muss, wird etwas Wasser verdunsten und muss nachgefüllt werden. Danach den Gärtopf zwei bis drei Wochen bei circa 15 °C aufbewahren, dann in den Keller stellen. Nach vier bis sechs Wochen Lagerung ist das Sauerkraut gebrauchsfertig. Längere Lagerzeit verbessert den Geschmack.
Die Flüssigkeit (Lake) im Gärtopf soll stets drei bis vier Zentimeter über den Beschwerungssteinen stehen. Ist sie zu niedrig, muss man sie mit abgekochtem Salzwasser auffüllen (15 g Salz auf 1 l Wasser).

Zutaten für Sauerkraut in einem 10 l Gärtopf:
8 kg geputzter Kohl (etwa 10 kg Weißkohl), 3 EL Wacholderbeeren,
1½ EL Kümmel, evtl. 3 bis 4 säuerliche Äpfel, etwa 100 g Salz,
evtl. ¼ l Molke (damit die Gärung schnell und sicher in Gang kommt)

Anleitung:
1. Zutaten und Geräte (Topf, Stampfer, Hobel) gut gereinigt bereitstellen.
2. Kohl putzen, Strunk herausschneiden und raspeln.
3. Grüne, große Kohlblätter ablösen und zum Abdecken beiseite legen.
4. Gewürze schichtweise mit dem gehobelten Kohl und geraspelten Strunk in den Topf geben und mit dem Holzstampfer feststampfen, so dass der Zellsaft austritt.
5. Zuletzt die großen, grünen Kohlblätter auflegen.
6. Beschwerungssteine auflegen und andrücken (Flüssigkeit soll überstehen).
7. Deckel aufsetzen und Wasser in die Wasserrinne geben (siehe oben im Text).

Zum Säuern eignen sich neben Weißkraut auch Bohnen, Gurken, Paprika, Karotten und andere Gemüsearten. Jedoch müssen die Bohnen vorher abgekocht werden! Der patentierte Gärtopf ist ein Produkt der Fa. Harsch und im Fachhandel erhältlich.

Am Schloss Bauschlott

Saure Bohnen im Tontopf

Vorbereitung der Bohnen

Die Bohnen waschen, gipfeln, der Länge nach einmal durchschneiden und in Salzwasser einmal aufkochen lassen, aus dem Wasser nehmen, auf ein Sieb geben und kalt abschrecken. Die Bohnen auf einem Tuch ausbreiten und erkalten lassen.

Vorbereitung des Tontopfes

Den Steinzeugtopf gut ausbrühen, trocken reiben und mit frischen Traubenblättern auslegen.

Sud herstellen

2 l Wasser
200 g Salz
¼ l Weinessig
1 Msp. Nelken (gemahlen)

zusammen aufkochen und erkalten lassen.

Das Einlegen

Die vorbereiteten Bohnen in den Topf schichten, Bohnenkraut dazwischenlegen und etwas andrücken. Den kalten Sud darüber gießen. Mit einem Leinentuch und mit einem Brettchen abdecken und beschweren. Wenn man keine passenden Steine hat, füllt man einen Plastikbeutel mit Wasser und legt diesen darüber. Der Sud muss etwa 3 cm über dem Tuch stehen.

Den Topf kühl stellen. Sobald das Tuch und das Brettchen durch Keimhefebildung schmierig werden, muss beides mit heißem Wasser abgewaschen werden. Nach fünf Wochen sind die Bohnen essbar und können bis zum Frühjahr verzehrt werden.

Wichtig ist absolute Reinlichkeit beim Befüllen des Topfes, da ansonsten die Bohnen fehlgären können.

Stangenbohnen

Grüne Bohnen, hauptsächlich Stangenbohnen, wurden und werden auch heute noch in jedem Hausgarten angepflanzt und für die Verwendung im Winter haltbar gemacht. Als es noch keine Gefriergeräte gab, wurden die Bohnen in einem Steinzeugtopf eingelegt, das heißt eingesäuert. Praktisch bei dieser Methode ist, dass man die Bohnen bis zum Ende der Erntezeit immer wieder in den Topf nachlegen kann. Ich kenne einige Frauen, die diese Art der Bevorratung heute noch praktizieren. Dieses Rezept wurde immer wieder weitergegeben und wird in meiner Familie heute noch verwendet.

Im Winter 2007

Saure Bohnen im Glas

Wenn Sie nur kleine Mengen zur Verfügung haben, säuern Sie die Bohnen im Glas ein. Im Glas eingesäuert sind sie nach circa sechs Wochen essbar. Der Säuregeschmack wird intensiver, je länger sie stehen. Diese Bohnen sollten später vor der Zubereitung abgespült oder gewässert werden.

Vorbereitung

1 kg Buschbohnen	gipfeln, brechen (nicht schneiden) in
3 l Salzwasser	blanchieren (kurz aufkochen lassen), abgießen, in ein Einmachglas füllen, Bohnen festdrücken.

Sud

2 l Wasser	
12 g Salz	aufkochen, sofort über die Bohnen gießen. Die Bohnen müssen mit dem Sud gut bedeckt sein. Gläser mit Schraubverschluss oder mit Gummi und Klammer sorgfältig verschließen.

Die Gläser ein paar Tage bei Zimmertemperatur stehen lassen. Danach kühl stellen (Keller). Nach 6 Wochen essbar und etwa 2 Jahre haltbar.

Landsknechte auf dem Peter- und Paul-Fest

Weinstraße Kraichgau-Stromberg

Bohnengemüse mit eingelegten sauren Bohnen

750 g Bohnen aus dem Tontopf (Rezept S. 168)	kurz mit kaltem Wasser abwaschen.
50 g Butter	erhitzen,
1 Zwiebel	würfeln und in der Butter goldbraun dämpfen,
50 g Mehl	zugeben und kurz miträsten, mit
½ l Fleisch- oder Gemüsebrühe	ablöschen, mit
Pfeffer	nachwürzen.
4 dünne Scheiben Bauchspeck (geräuchert)	auf die Bohnen legen und alles zusammen 20 bis 30 Minuten köcheln lassen.

Bohnengemüse

800 g grüne Bohnen	waschen, gipfeln, halbieren, in
¼ l Wasser	mit
1 Zweig Bohnenkraut	etwa 15 Minuten bissfest kochen, abgießen. Bohnenkraut entfernen.
50 g Butter	erhitzen,
1 Zwiebel	würfeln und in der Butter glasig dünsten,
50 g Speckwürfelchen	zugeben und anbraten.
100 ml Gemüsebrühe	angießen, Bohnen untermischen, mit
Salz und Pfeffer	würzen.
½ Bund Petersilie	fein hacken und überstreuen.

Reife Äpfel

Blumenkohl

Vorbereitung

1 ergroß Blumenkohl	in Röschen zerteilen, diese 30 Minuten in
Essigwasser (lauwarm, gesalzen)	legen, herausnehmen, abtropfen lassen. Blumenkohlröschen in
1 l Wasser	
½ l Milch	
½ TL Salz	circa 15 Minuten bissfest garen, herausnehmen, warm stellen.

Buttersoße

40 g Butter	erhitzen, darin
50 g Mehl	hellgelb rösten, mit
¼ l Abkochwasser	ablöschen, 10 Minuten unter Rühren mit dem Schneebesen köcheln lassen, mit
Salz, Pfeffer, Muskat	abschmecken, mit
4 EL Sahne	
1 Eigelb	legieren. Buttersoße vorsichtig unter den Blumenkohl heben.
½ Bund Petersilie	fein hacken und darüber streuen.

Setzen Sie den gekochten Blumenkohl – ganz oder in Röschen geteilt – in eine gut ausgefettete und mit Paniermehl bestreute Auflaufform. Übergießen Sie ihn mit der Buttersoße, streuen Sie noch zwei Esslöffel Parmesankäse und ein Esslöffel Paniermehl darüber, setzen Sie noch einige Butterflöckchen auf. Dann überbacken Sie das Gericht im heißen Backofen hellgelb.
Anstelle des Blumenkohls können Sie auch Brokkoli oder Kohlrabi verwenden. Servieren Sie dazu Salzkartoffeln.

Gartenteich

Rosenkohl in Buttersoße

500 g Rosenkohlröschen	die gelben Blättchen entfernen, waschen, in
½ l Wasser mit 1 TL Salz	etwa 10 Minuten halbweich kochen, über ein Sieb gießen, Gemüsewasser beiseite stellen.
40 g Butter	erhitzen, darin
30 g Mehl	hell rösten, mit
¼ l Gemüsewasser	ablöschen, aufkochen, mit
Salz, Pfeffer, Muskat, Brühe (gekörnt)	würzen.
100 ml Sahne oder Sauerrahm	untermischen, Rosenkohl zufügen und bis zur gewünschten Bissfestigkeit weiter garen.
½ Bund Petersilie	fein hacken und vor dem Servieren überstreuen.

Rosenkohlvariante ohne Buttersoße

1 Zwiebel	fein würfeln,
½ Bund Petersilie	fein hacken.
50 g Butter	und
50 g Speckwürfelchen	erhitzen, darin Zwiebel und Petersilie dämpfen, mit
¼ l Gemüsebrühe	ablöschen, mit
Salz, Pfeffer, Muskat	würzen,
1 Knoblauchzehe	pressen, zugeben,
500 g Rosenkohlröschen (vorgekocht)	untermischen.
½ Bund Petersilie oder Bärlauch	fein hacken und kurz mitdämpfen.

Rosenkohlvariante mit Speck

50 g Speckwürfelchen	in
50 g Butter	auslassen,
500 g Rosenkohlröschen (vorgekocht)	darin schwenken mit
Salz und Pfeffer	abschmecken und servieren.

Mühle Dutzi in Zeutern

Apfel-Rotkraut

Vorbereitung	
1 Kopf Rotkraut (circa 1½ kg)	die äußeren Blätter entfernen, den Kopf halbieren, waschen, feinstreifig schneiden oder hobeln.

Zubereitung	
40 g Schweineschmalz oder Öl	erhitzen,
1 große Zwiebel	würfeln und im Fett glasig dämpfen, mit
½ l Gemüsebrühe	ablöschen. Rotkraut zugeben, auflockern und aufkochen.
2 Äpfel	
1 Kartoffel	reiben, zugeben, mit
1 Prise Zucker	
½ TL Salz	
Pfeffer (weiß)	
3 Nelken (ganz)	
1 Lorbeerblatt	
2 EL Essig	würzen und etwa 15 Minuten garen,
150 ml Rotwein	zugeben und bis zur gewünschten Bissfestigkeit weiter kochen.

Um die Kochzeit zu verkürzen, schneiden Sie das Kraut tags zuvor oder einige Stunden vorher. Bestreuen Sie es mit einem halben Teelöffel Salz und vermischen Sie es mit dem Essig.
Rotkraut schmeckt ebenfalls ausgezeichnet, wenn Sie einen Esslöffel Johannisbeermarmelade beimischen.
Gerne isst man Kartoffelbrei und Hasenbraten oder Kotelett dazu.

Balkenverzierung in Schwaigern

Renates Schmorgurken

1 kg Gurken	schälen, der Länge nach halbieren und Kerne mit einem Löffel herauslösen. Die Gurkenhälften in 1 cm dicke Stücke schneiden.
2 Zwiebeln	in Ringe schneiden,
150 g Rauchfleisch	in Würfel schneiden, mit den Zwiebeln anbraten, die Gurken dazu geben, mit
¼ TL Salz	
Pfeffer und Paprika (edelsüß)	würzen. Zugedeckt 15 Minuten dünsten.
500 g Tomaten	Schale kreuzweise einritzen, kurz mit kochendem Wasser übergießen, schälen, klein schneiden, unter die Gurken mischen, 5 Minuten schwach mitkochen. Gemüse von der Kochstelle nehmen.
250 ml süße Sahne	
1 TL Stärkemehl (Mondamin)	verquirlen, in das Gemüse einrühren.
1 Strauß Dill	fein hacken, darunter mischen, mit
Saft ½ Zitrone	abschmecken.

Mit Spätzle oder Salzkartoffeln servieren.

Wetzsteinspucker in Sinsheim

Schwarzwurzelgemüse

Vorbereitung

3 EL Essig	
1 EL Mehl	glatt rühren und in
2 l Wasser (kalt)	geben.
1 kg Schwarzwurzeln	bürsten, abschaben, waschen, in 3 cm lange Stücke schneiden und sofort in das Essigwasser legen, damit sich die Wurzeln nicht dunkel färben.
1 l Wasser	mit
1 Tasse Milch	und
½ TL Salz	erhitzen und darin die Wurzeln halbweich kochen (etwa 10 Minuten). Über einem Sieb abgießen, den Sud beiseite stellen.

Buttersoße

1 kleine Zwiebel	würfeln, in
40 g Butter	hellgelb dämpfen,
50 g Mehl	zufügen und mitrösten, mit
¼ l Kochwasser	und
100 ml Milch	ablöschen, mit
Salz, Muskat,	
Saft ½ Zitrone	würzen. Die Schwarzwurzeln untermischen und circa 5 Minuten weich dünsten, mit
2 EL Sahne	
1 Eigelb	legieren und servieren.

Servieren Sie zu diesem Gericht gebratenes oder gegrilltes Fleisch und Salz- oder Bratkartoffeln.

Schäfer im Marktbrunnen beim Peter- und Paul-Fest

Zarter Spinat

Vorbereitung

750 g Spinat	verlesen, abstielen, die Blätter mehrmals waschen, kurz in
150 ml Salzwasser	kochen bis er zusammenfällt (blanchieren). Über einem Sieb abgießen, Kochwasser beiseite stellen.

Buttersoße

1 kleine Zwiebel	
1 Knoblauchzehe	würfeln, in
50 g Butter	hellgelb dämpfen,
2 EL Mehl	mitrösten, mit
100 ml Kochwasser	ablöschen, den Spinat zugeben und etwa 5 Minuten garen. Nun mit dem Pürierstab pürieren und
125 ml Sahne	zufügen, mit
Salz, Pfeffer, Muskat, evtl. Brühe (gekörnt)	abschmecken.

Traditionell isst man dazu Salzkartoffeln und Spiegeleier.

Marktplatz in Bretten

Park in Bad Rappenau

Küchentechnik aus dem Kraichgau

Unser Kraichgau scheint nicht nur von der Natur gesegnet zu sein, auch technischer Erfindergeist gedeiht in dieser Region vorzüglich. So gibt es in Bretten und Umgebung bedeutende, die Küche revolutionierende Betriebe mit Produkten, die heute von der modernen Haushaltsführung nicht mehr wegzudenken sind.

Firmen wie Neff, KW & A Muckenfuß und Malag in Bretten stellten zunächst Holz und Kohle befeuerte Öfen und Herde her. Mit fortschreitender Elektrifizierung, auch der Haushalte, gehörten Neff und Malag zu den Marktführern bei den Elektroherden. Während die Herdfabriken Malag und Muckenfuß ihre Produktion inzwischen eingestellt haben, konnte sich die Fa. Neff weiterhin international profilieren.

Das bereits 1877 von Schlossermeister Carl Neff gegründete Unternehmen beginnt zunächst als kleiner Handwerksbetrieb mit dem Bau von Kohleherden und etwas später mit Gas-, Bäckerei- und Kohlebacköfen. In den Jahren 1950 und 1953 entstehen weitere Werke in Bretten und Bruchsal, und Neff baut nun auch Geräte für Großküchen. Bereits 1961 wird Neff Europas größter Elektroherdhersteller und beschäftigt zu dieser Zeit rund 2500 Mitarbeiter. Ihr 90-jähriges Bestehen feiert die Firma 1967 mit circa 4400 Mitarbeitern, die 500 000 Geräte im Jahr produzieren. Ihre Führung in der Küchentechnik unterstreicht das Unternehmen mit dem erstmals serienmäßig eingebauten Thermostat, dem ersten Bau der Mikrowellenherde in Europa sowie den ersten Geräten mit gebrauchsfähigen Induktionskochplatten. Das Unternehmen präsentiert ebenfalls 1961 die neue Generation von Küchenmöbeln mit ihren Einbaugeräten und zehn Jahre später den Backofen mit Heißluftsystem, in dem auf mehreren Ebenen ohne Geschmacksübertragung gleichzeitig gebacken und gebraten werden kann. Inzwischen ist die Neff GmbH eine 100-prozentige Tochtergesellschaft des BSH Konzerns (BSH Bosch und Siemens Hausgeräte GmbH) und hat ihre Palette um Kühl- und Gefriergeräte, Dunstabzüge, Geschirrspülmaschinen und Wäschepflegegeräte erweitert.

Karl Fischer, der 1931 seine Firma von Oberweiler/ Schwarzwald nach Oberderdingen umgesiedelt und den Firmennamen in Fa. E.G.O. (Elektro-Gerätebau Oberderdingen) umbenannt hatte, erfand eine elektrische

Wasserfontänen in Bretten

Kochplatte mit ausgefeilter Technik. Heute werden praktisch in alle elektrischen Kochherde diese Platten eingebaut. Seit der Firmengründung entwickelte sich das Unternehmen zu einer weltweit produzierenden Firmengruppe, deren innovative Produkte – vorwiegend Heiz- und Steuerelemente für die Elektrogeräte Industrie – in fast jedem Haushalt zu finden sind.

BLANCO in Oberderdingen wurde 1925 von Heinrich Blanc gegründet. Das Unternehmen zählt heute zu den weltweit führenden Anbietern von Systemlösungen rund um das Spülcenter. Dazu zählen bis ins Detail durchdachte Haushaltsspülen aus Edelstahl, SILGRANIT und Keramik, perfekt abgestimmte Küchenarmaturen, Abfalltrennsysteme sowie die exklusiven Spülcenter und Arbeitsflächen von BLANCO SteelArt.

So bestehen im Kraichgau Tausende von Arbeitsplätzen und die ganze Region profitiert von diesem erfinderischen Geist.

Elektrizität in jedem Gerät

Spinatauflauf mit Flädle

Püriertes Spinatgemüse (Rezept S. 177)	Die halbe Menge aus dem Rezept »Zarter Spinat« herstellen.
100 g gekochter Schinken	in Würfel schneiden und darunter heben.

Flädle

125 g Mehl	
¼ l Milch	
2 Eier	zu einem glatten Teig rühren. Mit wenig Butter von dem Teig vier Flädle herausbacken. Die Flädle einzeln mit dem Spinat bestreichen und aufrollen. Eine Auflaufform mit Butter ausfetten, die Flädle hineinsetzen.
¼ l Sauerrahm	
1 Ei	verrühren, über die Flädle gießen,
1 EL Käse (gerieben)	darüber streuen und im vorgeheizten Backofen bei 160 °C etwa 30 Minuten backen.

Wasserschloss in Fürfeld

Streuobstwiesen in Ruit

Wirsing mit Hackbällchen

Wirsing

1 kg Wirsing	die Außenblätter, den Strunk und die dicken Blattrippen entfernen. Die einzelnen Blätter gut waschen und in
3 l Salzwasser	im offenen Topf etwa 5 Minuten halbweich kochen. Die Blätter entnehmen, abtropfen lassen, das Kochwasser beiseite stellen. Die Blätter in schmale Streifen schneiden und in einen Topf geben.
3 EL Butter	erhitzen,
1 Zwiebel	würfeln,
½ Bund Petersilie	fein hacken und mit der Zwiebel in der Butter dämpfen.
¼ l Gemüsewasser	dazugeben, mit
Salz, Pfeffer, Muskat	und
1 TL Gemüsebrühe (gekörnt)	aufkochen, unter den Wirsing mischen.
500 g Kartoffeln	schälen, in kleine Würfel schneiden und ebenfalls untermengen.

Hackbällchen

1 Brötchen (vom Vortag)	in Wasser einweichen, ausdrücken, zerzupfen.
1 Zwiebel	
½ Bund Petersilie	fein hacken,
1 Knoblauchzehe	fein würfeln, alle Zutaten mit
250 g Hackfleisch (gemischt)	
1 Ei	
Salz und Pfeffer	vermengen. Aus diesem Teig walnussgroße Klößchen formen.

Die Fleischbällchen auf das Gemüse legen und zugedeckt bei mittlerer Hitze etwa 20 Minuten garen.

Servieren Sie dazu Salzkartoffeln.
Der Wirsing wird im Kraichgau traditionell püriert gegessen. Die vorgekochten Blattstreifen werden püriert und (mit einer Buttersoße vermischt) nachgegart. Zu dieser Art der Zubereitung isst man Schweinebraten und Salzkartoffeln.

Apfelbaum in Ubstadt-Weiher

Maulbronner Wirsing mit Orangensoße

1 mittelgroßer Wirsing (circa 1½ kg)	die äußeren, dunkelgrünen Blätter entfernen, den Kopf halbieren, den Strunk möglichst weit entfernen, waschen und jede Hälfte in 4 Teile schneiden.
	Eine großflächige Pfanne mit Butter ausfetten, darin
150 ml Wasser mit ½ TL Salz	erhitzen und den Wirsing darin 10 bis 15 Minuten bei geschlossenem Deckel dünsten.

Soße

1 EL Butter	erwärmen, darin
2 EL Mehl	
1 Msp. Currypulver	anschwitzen. Mit
150 ml Milch	ablöschen, kräftig durchrühren, aufkochen und von der Kochstelle nehmen.
150 ml Orangensaft (frisch gepresst)	dazugeben,
4 EL Sahne	schlagen und unterheben. Die Soße über den Wirsing geben und vorsichtig unterheben.
1 TL Butter	erwärmen, darin
50 g Mandelplättchen	bräunen und über den Wirsing verteilen.

Servieren Sie als Beilage Naturreis.

Baum an einer Hohle

Zucchinigemüse

4 Zucchini (circa 800 g)	halbieren, in 1 cm dicke Streifen schneiden,
1 Zwiebel	würfeln,
1 Bund Petersilie	fein hacken,
2 EL Fett	erhitzen, Zwiebel darin andünsten. Zucchini und Petersilie zugeben, mit
Salz, Pfeffer	und etwas
Oregano, Thymian, Salbei	würzen, mit
¼ l Gemüsebrühe	ablöschen.
1 Knoblauchzehe	in Würfelchen schneiden, beifügen. Zugedeckt etwa 5 Minuten bei schwacher Hitze dünsten lassen.
4 Tomaten	kreuzweise einritzen, mit kochendem Wasser übergießen, enthäuten, in Viertel schneiden und zugeben, 5 Minuten mitdünsten.
150 g gekochter Schinken	in feine Würfel schneiden, mit
150 ml süßer Sahne	und
50 g Käse (gerieben)	zu dem Gemüse geben, erhitzen, jedoch nicht mehr kochen, mit
Salz, Pfeffer und Brühe (gekörnt)	abschmecken und servieren.

Als Beilage schmecken Reis, Nudeln oder Kartoffeln.

Hebererhaus in Bretten

Ruiter Krabbenschnäbel

Die Einwohner von Ruit haben den Necknamen »Krabben« (Raben). Es gibt unterschiedliche Theorien, wie die Ruiter zu diesem Namen kamen. Eine davon besagt: früher, als das Dorf noch sehr arm war, gingen die Familienväter am Wochenende in den Wald und schossen Raben. Diese kamen dann in den Kochtopf und wurden sonntags als Mittagessen serviert.
Da die Laugenstangen an die Schnäbel der Vögel erinnern, erhielt dieser »Snack«, anlässlich eines Dorffestes der Ruiter LandFrauen seinen Namen.

100 g gekochter Schinken 100 g Salami 100 g geräucherter Schinken 150 g Emmentaler	in feine Würfelchen schneiden, alles zusammen, mit
150 g Schmand oder Crème fraîche	gut vermischen, falls die Masse zu fest ist, mit
Sahne (nach Bedarf)	verrühren und
Pfeffer und Salz	nach Bedarf würzen.
4 – 6 Laugenstangen	halbieren, mit dem Aufstrich bestreichen und 10 Minuten bei 180 °C im Backofen überbacken.

Krabbenbrunnen in Ruit

Gondelsheimer Speckküchle nach Oma Traudl (für circa 32 Speckküchle)

Vorbereitung

1 Würfel Hefe	in einer großen Tasse zerkleinern mit
5 EL Milch (warm)	auflösen.
1 TL Zucker	
1 TL Mehl	unterrühren, zugedeckt stehen lassen bis sich die Masse verdoppelt hat.

Verarbeitung

1 kg Mehl	in eine Rührschüssel sieben, den Vorteig in die Mitte geben,
knapp ½ l Milch (warm)	
180 g Butter (weich)	
2 Eier	
100 g Zucker, 1 TL Salz	zugeben und solange kneten, bis sich der Teig vom Knethaken löst. Den Teig zugedeckt an einen warmen Ort stellen, bis er doppelt so groß ist. Anschließend den Teig durchkneten und zu einer circa 6 cm dicken Wurst rollen. Gleichmäßige Stücke abschneiden und auf einer leicht bemehlten Fläche zu Kugeln formen. Auf ein gefettetes Blech setzen (nicht zu eng) und nochmals zugedeckt etwa 15 Minuten gehen lassen. Die Oberfläche mit einer Schere kreuzweise einschneiden, mit
1 Eigelb (verquirlt)	bestreichen,
50 g Räucherspeck (fein geschnitten)	auf die Küchle verteilen, zuletzt
½ Tasse Mohn	etwas
Salz	
Kümmel	mischen und gleichmäßig auf die Oberfläche streuen. Im vorgeheizten Backofen bei circa 200 °C 5 Minuten, danach bei 180 °C weitere 15 Minuten backen.

Kaminfeger Robert Blume

Bibeleskäs (angemachter Quark)

500 g Quark	
1 Msp. Kümmel (gemahlen)	
½ TL Salz	
250 ml Sahne	mit dem Schneebesen gut verrühren.
1 Zwiebel	fein würfeln,
1 Bund Schnittlauch	in feine Röllchen schneiden.
	Zwiebel und Schnittlauch beigeben und kurz mitrühren.

Pellkartoffeln

1 ½ kg Kartoffeln (mehlig kochend)	kochen, schälen und heiß mit dem Quark servieren.

»Bibele« sind junge Küken. Früher fütterte man die frisch geschlüpften Küken mit Quark, Kräutern und klein gehackten, hart gekochten Eiern. Daher entstand der Name »Bibeleskäs«.
Der angemachte Quark schmeckt auch gut auf einer Scheibe Bauern- oder Vollkornbrot, man isst ihn auch gerne als Dip.

Lachsaufstrich

1 Zwiebel	
200 g Lachs (geräuchert)	in kleine Würfel schneiden,
200 g Frischkäse	
3 EL Schmand oder Crème fraîche	alles zusammen mit dem Pürierstab vermixen.

Torwächterhaus in Derdingen

Anjas Butterkäse

500 g Magerquark	in einem Tuch ausdrücken, mit
175 g Butter	
1 TL Senf	
½ TL Salz, Pfeffer	
1 EL Tafel-Meerrettich	cremig rühren.
1 kleine Zwiebel	fein würfeln,
1 Bund Schnittlauch	in Röllchen schneiden und mit der Zwiebel untermischen.

Probieren Sie diese Mischung anstatt mit Meerrettich mit zwei Esslöffel grünem Pfeffer.

Obatzter (Brotaufstrich)

125 g Camembert (sehr reif)	mit einer Gabel zerdrücken, mit
125 g Quark (20%)	
20 g Butter (weich)	verrühren.
1 kleine Zwiebel	klein würfeln,
½ Bund Schnittlauch	in feine Röllchen schneiden,
½ Bund Petersilie	fein hacken und mit der Zwiebel und dem Schnittlauch zum Käsegemisch geben, mit
½ TL Salz	
1 Prise Pfeffer (schwarz)	
¼ TL Paprika (edelsüß)	würzen und gut vermengen.

Besonders schmackhaft wird der Brotaufstrich, wenn Sie einen Esslöffel leicht angeröstete Sonnenblumenkerne untermischen.

Café Toscana in Gemmingen

Küchenkräuter im Kraichgau

Basilikum

Basilikum ist ein Gewürzkraut mit unverwechselbarem, pfefferartigem, sehr intensivem Aroma. Die Blätter sollte man nicht hacken, sondern auseinander zupfen. Nicht mitkochen. Schmeckt ausgezeichnet zu Tomaten und grünem Salat.

Bohnenkraut

Bohnenkraut hat eine magenstärkende und appetitanregende Wirkung und wird in der Küche zu allen Bohnen- und Erbensgerichten, Salat und Gemüse verwendet.

Borretsch

Borretsch enthält Gerb- und Kieselsäure. Die rauen Blättchen mit den weißen Borsten schneidet man gerne in Blatt- und Gurkensalate. Sind nur frisch zu genießen, da sie getrocknet ihr Aroma völlig verlieren. Man verwendet auch die Blüten zur Dekoration, diese können mitgegessen werden.

Dill

Dill ist ein appetitanregendes, verdauungsförderndes Küchenkraut zum Würzen von Gurkengerichten, Quark, Blattsalaten, Suppen, Lammschmorgerichten und gegrilltem, gekochtem oder mariniertem Fisch. Dill unterstreicht den Geschmack der Speisen, ohne ihn zu beherrschen.

Estragon

Die jungen Triebspitzen der Blätter verwendet man sparsam zu Suppen, Soßen, Salaten, Kräuterbutter, Geflügel, Tomatengerichten und Fisch.

Fenchel

Man kann die etwas nach Anis schmeckenden Knollen roh als Salat oder ausgebacken essen. Ihr Grün wird Fisch und Soßen beigegeben.

Kellertür von 1680

Gartenkerbel

Der Kerbel ist ein weiß blühendes Doldengewächs. Seine Blättchen sind würzig und erinnern an Anis. Er eignet sich vorzüglich zum Würzen von Soßen, Suppen und Quark.

Gartenkresse

Gartenkresse hat einen angenehmen bitterlichen Geschmack und wird als Salat und als Garnitur zu Fisch, Geflügel, Wild und Rindfleisch genossen.

Kümmel

Den Samen verwendet man in Weißkohlgerichten, sie werden dadurch bekömmlicher. Er wird auch herzhaften Brot- und Gebäcksorten zugegeben.

Lavendel

Die Blätter, Triebe und das blühende Kraut verwendet man zum Verfeinern von Soßen, Gemüse, Kräuterbutter. Kann mitgekocht werden. Getrocknet wird Lavendel als Duftkraut verwendet.

Liebstöckel

Liebstöckel ist eine Pflanze, die unter Ihren Küchenkräutern nicht fehlen sollte. In ihrem Geschmack ähnelt sie dem Sellerie. Sie verleiht den Speisen ein fleischähnliches Aroma und dient zum Würzen von Suppen, Brühen, Wild und Fleischsoßen. Junge Blätter geben dem Salat eine herzhafte Note.

Majoran

Majoran ist eine klassische Gewürzpflanze. Die Triebspitzen, Blätter und das blühende Kraut ergeben ein herzhaftes Aroma und werden bei Bohnengerichten, Kartoffelspeisen, Hackfleischgerichten, fettem Geflügel und Leber verwendet. Kurz mitkochen.

Oregano

Oregano fördert die Verdauung und besitzt antiseptische und konservierende Wirkung. Er passt hervorragend zu Pizzas sowie Fleisch- und Tomatengerichten. Besonders gut kommt er in Omeletts, Lamm und Wild oder in einer Mischung mit Basilikum zur Geltung.

Blick auf Kürnbach

Petersilie

Petersilie ist ein allseits beliebtes, wegen seines Wohlgeschmacks und des hohen Nährwertes gleichermaßen geschätztes Küchenkraut. Sie ist reich an Vitaminen, insbesondere Vitamin C. Beim Kochen mit Petersilie kann sich das Aroma anderer Nahrungsmittel und Kräuter besonders gut entfalten. Erst am Ende des Kochens hinzugeben.

Pfefferminze

Pfefferminze wird mit ihrem typischen, erfrischenden Aroma vor allem als Tee verwendet. Dieses schnell wachsende Kraut verleiht Essig, Gelees und besonders Lammbraten einen ausgezeichneten Geschmack.

Pimpernelle

Ein fast vergessenes, wohlriechendes Salatkraut. Es hat einen sehr frischen Geschmack.

Rosmarin

Rosmarin ist ein Kreislauf anregendes, pikantes Würzmittel. Die jungen Blätter und Triebspitzen verwendet man sparsam und werden mitgekocht bei Lammfleisch, Fisch, fettem Geflügel, Gemüse, Kartoffeln, Suppen und Eintöpfen.

Salbei

Salbei ist für seine antiseptische Wirkung, aber auch als Küchenkraut bekannt. Als Tee wird er vor allem zum Gurgeln bei Hals-Entzündungen verwendet. Wegen seiner konservierenden Eigenschaften wird er schon seit langem zur die Zubereitung von Wurst verarbeitet. Gelees, Essig und Öl, Leber, Kalbfleisch, Lamm, Schwein verleiht er ein angenehmes Aroma.

Schnittlauch

Frischer in feine Röllchen geschnittener Schnittlauch eignet sich hervorragend als Garnierung oder Gewürz zu Pfannkuchen, Quark, Rührei, Suppen, Salaten oder Fischgerichten. Regt den Appetit an.

Marketenderin

Sellerie

Die Sellerieknolle gehört in jede Bouillon oder Kartoffelsuppe. Ihr Grün ist ein aromatisches Würzkraut. Geraspelt eignet sich der Sellerie hervorragend als Rohkost.

Thymian

Thymian fördert die Verdauung, indem er besonders zum Abbau von fetter Nahrung beiträgt. Er besitzt auch starke antiseptische Wirkung. Er ist ausgezeichnet zum Würzen von Brühen, Marinaden und Ragouts, Bohnen, Lamm, Leber und Wild geeignet.

Zitronenmelisse

Zitronenmelisse ist ein Gewürzkraut, das sehr angenehm riecht und dessen Geschmack nach dem Kochen dem vom Kohl ähnelt. Frisch gehackt kann Melisse unter Weichkäse, Fisch oder Pilze gemischt werden. Ihre Blätter verleihen Tee und Bier ein würziges Aroma. Wird gerne zur Garnierung von Desserts und Blattsalaten verwendet.

Kräuterbutter

1 Bund Petersilie	
5 Blätter Zitronenmelisse	
5 Blätter Basilikum	fein hacken,
½ Bund Schnittlauch	in Röllchen schneiden,
3 – 4 Knoblauchzehen	pressen, mit den Kräutern und
250 g Butter	
Salz, Pfeffer	vermischen.

Reichen Sie Buttermischungen zu Kurzgebratenem, beim Grillen oder zu frischem Brot und Baguette. Buttermischungen lassen sich in Alufolie gut zu Rollen formen und sollten vor dem Verzehr gut durchgekühlt sein.

Faustmuseum in Knittlingen

Apfelküchle

Erste Variante

4 große, säuerliche Äpfel (z. B. Boskop)	schälen, Kernhaus ausstechen, in ½ cm dicke Scheiben schneiden, in eine Schale legen, mit
3 EL Zucker	
1 Vanillezucker	bestreuen und mit
4 EL Weinbrand	
Saft 1 Zitrone	beträufeln.

Teig

200 g Mehl	
2 EL Zucker	
¼ l Bier (hell) oder Weißwein	
2 TL Olivenöl	zu einem dickflüssigen Teig rühren.
2 Eiweiß	
1 Prise Salz	zu Schnee schlagen und unterheben.
	Die Apfelscheiben in den Teig eintauchen.
1 EL Pflanzenöl	erhitzen und die Küchle auf beiden Seiten hellbraun backen.
1 EL Zucker	
½ TL Zimt	mischen und die Küchle damit bestreuen. Heiß servieren.

Reichen Sie zu dieser Süßspeise Weincreme und/oder Vanillesoße. Wenn Kinder mitessen, beträufeln Sie die Äpfel nur mit Zitronensaft und bereiten Sie den Teig anstatt mit Wein mit Mineralwasser zu.

Dorffest Ruit 1994

Zweite Variante	
5 große Boskop-Äpfel	schälen, Kernhaus entfernen, in ½ cm dicke Ringe schneiden.
1 Zitrone	auspressen und die Äpfel damit beträufeln.
Teig	
6 Eigelb	
1 Prise Salz	
2 EL Zucker	
⅛ l Milch	
6 EL Mehl	zu einem dickflüssigen Teig verrühren.
6 Eiweiß	zu Schnee schlagen und unterheben. Die Apfelscheiben in den Teig eintauchen und in
Pflanzenöl	auf beiden Seiten ausbacken.

Renates Reisauflauf

200 g Reis	waschen, abtropfen lassen mit
1 l Milch	etwa 30 Minuten bei geringer Hitze weich kochen, gelegentlich umrühren. Abschließend abkühlen lassen.
60 g Butter	schmelzen und mit
80 g Zucker	
Schale 1 Zitrone (abgerieben)	
4 Eigelb	schaumig rühren.
4 Eiweiß	zu Schnee schlagen. Den Reis unter die Eigelbmasse rühren, zuletzt den Eischnee unterziehen.
	Eine Auflaufform mit Butter ausfetten, den Reis einfüllen. Nun 45 Minuten bei 160 °C backen und heiß servieren.

Servieren Sie als Beilage Kompott oder eingewecktes Obst.

Wappen Östringen

Pfannkuchen mit Apfelmus
(ergibt 6 bis 8 Pfannkuchen)

Pfannkuchenteig

250 g Mehl	
1 Prise Salz	
¼ l Milch	
4 Eigelb	glatt rühren,
4 Eiweiß	zu Schnee schlagen und unter die Eigelbmasse heben.
1 TL Butterschmalz	stark erhitzen, pro Pfannkuchen einen Schöpflöffel Teig gleichmäßig in der Pfanne verteilen, so dass der Boden bedeckt ist.
	Sobald die Oberfläche trocken ist, die Pfannkuchen wenden, und hellbraun herausbacken.

Apfelmus

500 g süße, reife Äpfel (möglichst Fallobst)	waschen, mit der Schale und Kernhaus in grobe Stücke schneiden, in
80 ml Wasser	
1 Prise Zucker	
1 Prise Zimt	etwa 5 Minuten weich dämpfen, durch ein Sieb passieren und zusammen mit den Pfannkuchen servieren.

Pürieren Sie das Apfelmus anschließend mit dem Stabmixer, es wird dann besonders fein.
Eventuell übrig gebliebene Pfannkuchen können Sie eingefrieren und später als Suppeneinlage (Flädlesuppe) verwenden.

Pfannkuchen mit Apfelmus

Kratzete (Kaiserschmarrn)

300 g Mehl	
1 Prise Salz	
½ l Milch	
5 Eigelb	zu einem glatten Teig rühren, 10 Minuten quellen lassen.
5 Eiweiß	zu Schnee schlagen, unter den Teig heben.
1 EL Butter	in einer großen beschichteten Pfanne erhitzen, den Teig eingießen, gut backen lassen. In der Pfanne mit zwei Holzschabern in größere Stücke reißen,
50 g Butter	zerlassen, darüber gießen,
3 EL Zucker	überstreuen. Die Kratzete unter ständigem Wenden rösten, bis sie goldgelb ist. Auf einer vorgewärmten Platte anrichten und mit
Puderzucker	bestreuen.

Kratzete isst man gerne als Beilage zu Spargel und Pilzen, allerdings fügt man dem Teig dann keinen Zucker zu.

Blick auf die Musikschule in Bretten

Altes Haus in Neibsheim

Vanillesoße

10 g Stärkemehl	
6 EL Milch	glatt rühren.
½ l Milch	
1 Eigelb	
1 Prise Salz	
20 g Zucker	verrühren.
½ Vanilleschote	der Länge nach aufschneiden, das Mark herausnehmen, dazugeben.
	Das Milchgemisch zum Kochen bringen, das angerührte Stärkemehl unter Rühren zugeben und aufkochen lassen, mit
1 Eigelb	legieren. Kann heiß und kalt serviert werden.

Ruit im Schnee

Pferdestalltür in Menzingen

Weinschaumsoße (Chaudeausoße)

Erste Variante

1/4 l Weißwein	
4 Eier	
4 EL Zucker	
1 TL Stärkemehl	in einen Topf geben, bei schwacher Hitze mit dem Schneebesen schlagen, bis die Masse einmal aufwallt. Sofort in eine Schüssel füllen und unter weiterem Schlagen etwas abkühlen lassen. Warm servieren.

Zweite Variante

2 Eigelb	
1 Ei	
80 g Zucker	
1/2 TL Zitronenschale (gerieben)	schaumig rühren und in einen Kochtopf füllen.
1/2 l Weißwein	
2 TL Stärkemehl	zu dem Eigelbschaum geben und bei mäßiger Hitze mit dem Schneebesen schlagen, bis die Masse einmal aufwallt.
2 EL Zitronensaft	zufügen und sofort vom Herd nehmen, weiterrühren,
2 Eiweiß	sehr steif schlagen, die heiße Weincreme unter den Eischnee heben.

Beide Weinschaumsoßen-Varianten schmecken besonders gut zu Dampfnudeln, Apfelküchle, Ofenschlupfer oder Reisbrei.
Diese Soße kann warm und kalt serviert werden.

Obergrombach Schloss

Weinlese im Kraichgau

Die Grundlage für einen guten Wein legt der Winzer bereits beim Schneiden der Weinstöcke im Winter. Nach dem Motto: Qualität statt Quantität, sprich »Öchsle trägt sich leichter als Wasser«, versucht der Winzer durch den Rebschnitt Einfluss auf die Erntemenge und die Qualität des Weines zu nehmen. Das ganze Jahr über gibt es auf dem Weinberg zu tun, denn »der Weinberg will«, nach einer Winzerweisheit, »jeden Tag seinen Herrn sehen«.

Der noch im Vorjahr wild gewucherte Rebstock wird auf die ein bis zwei schönsten Ruten zurückgeschnitten, danach folgt das Anbinden der eingekürzten Ruten. Um Pilzkrankheiten zu verhindern, muss bereits beim Austrieb gespritzt werden, denn die im Holz oder Boden überwinternden Schädlinge vermehren sich rasant. Die Sorge um den Spätfrost in der Blüte, die Laubarbeiten wie Ausgeizen und Freilegen der Traubenzone, damit die Trauben viel Sonne und gute Durchlüftung bekommen, lässt den Winzer kaum ruhen. Eine gute Bodenlockerung verhindert die Verdunstung und unterstützt die natürliche Aktivität des Bodens. Zur Qualitätsverbesserung wird im August ein Teil der Trauben entfernt. Durch diese Ertragsreduzierung erreicht der Weinbauer eine geringere Stockbelastung und dadurch auch eine wesentliche Verbesserung der Qualität und Reife der Trauben.

Maschineneinsatz bei der Weinernte

Je nach Witterung während des Sommers und in Abhängigkeit von der Rebsorte beginnt im September endlich die Weinlese. Für den Winzer ist die Traubenlese die Krönung seiner Jahresarbeit. Mit der Familie, mit Freunden und Bekannten begibt er sich in den Morgenstunden auf den Weinberg und schneidet die Trauben. Diese werden in Eimern gesammelt und vom Buttenträger in große Zuber auf dem Transportwagen umgefüllt und nach Hause gefahren.

Bei der Weinlese herrscht meist eine fröhliche Stimmung, denn in einer Gruppe zu arbeiten macht allen einen riesigen Spaß, besonders bei gutem Wetter. Oft wird gesungen und gelacht, wenn auch die stundenlange Arbeit, meist in gebückter Haltung, sehr anstrengend ist. Zum Abschluss eines Lesetages am späten Nachmittag ist eine herzhafte Mahlzeit und ein gutes Glas Wein Entschädigung für die Mühe und Anstrengung des Tages. So kann sich die Weinlese entsprechend der Reife der Sorten und je nach Größe des Betriebes über mehrere Wochen hinziehen.

In den Weingütern werden die Trauben gepresst und der Rebensaft zu den hervorragenden Kraichgauweinen ausgebaut. Der Wein muss reifen und wird dann überwiegend regional vermarktet, oft in der eigenen Besenwirtschaft.

Weinlese in Zeutern

Grießbrei

100 g Grieß (Hartweizengrieß)	
1 l Milch	15 Minuten bei mittlerer Hitze köcheln,
2 Eier	
3 EL Zucker	verrühren und mit dem Schneebesen in die Milch einrühren, Grießbrei in eine Schüssel geben.
1 Msp. Zimt	
1 Vanillezucker	vermischen und über den Brei streuen.

Folgendes Rezept habe ich aus dem handgeschriebenen Kochbuch meiner Tante entnommen:

Kriegspudding

Man nehme 3 Maß Liebe, 20 g Seufzer und 350 Küsse.
Rühre es mit heißem Lieben und süßen Umarmungen,
sodann die kalten Blicke einer neidischen Freundin dazu
und lasse es beim Mondschein hinter eine Laube langsam aufkochen.
Zubereitung je länger, je lieber.

Rathaus in Schwaigern

Ofenschlupfer

500 g säuerliche Äpfel	schälen, das Kerngehäuse entfernen, in dünne Spalten schneiden.
1 Zitrone	auspressen und die Äpfel damit beträufeln.
50 g Rosinen	in
3 EL Rum	einlegen.
8 Brötchen (vom Vortag)	in Scheiben schneiden.
	Eine Auflaufform dick mit Butter einfetten. Jeweils eine Lage Brötchen und Äpfel ziegelförmig einschichten, die Rosinen und
50 g Mandelblättchen	darüber streuen.

Soße

3 Eigelb	
500 ml Milch	
200 ml Sahne	
3 EL Zucker	
1 Vanillezucker	miteinander verrühren.
3 Eiweiß	
1 Prise Salz	zu Schnee schlagen und unter die Eiermilch heben. Die Soße über den Auflauf gießen. Im Backofen 45 Minuten bei 180 °C backen.

Annakapelle in Weiler

Heiligenstatue in Östringen

Portugiesencreme

2 Eigelb	
100 g Zucker	
½ Pck. Vanillezucker	schaumig rühren.
Saft ½ Zitrone	
125 ml Rotwein	unterrühren.
1 Blatt Gelatine (weiß)	
2 Blatt Gelatine (rot)	fünf Minuten in kaltem Wasser einweichen, Wasser abgießen, Gelatine leicht ausdrücken, unter Rühren erwärmen, bis sie vollständig flüssig ist, unter die Eigelbmasse rühren. Erst wenn die Creme angedickt ist, das heißt »Straßen zieht«
2 Eiweiß	zu Schnee schlagen,
250 ml Sahne	steif schlagen und mit dem Eiweiß unter die Creme heben. In Gläser füllen und mindesten drei Stunden gekühlt stocken lassen. Vor dem Servieren mit
Schokoraspel	und halbierten
Weintrauben	dekorieren.

Wirtshausschild in Schwaigern

Dornfelder Rotweinbirnen

400 ml Dornfelder Rotwein	
100 ml Orangensaft	
50 g Zucker	
1 Stange Zimt	
3 Gewürznelken	aufkochen.
4 feste Birnen (à 150 – 175 g)	schälen, die Stiele nicht entfernen, im Glühwein pochieren, öfters wenden, bis die Birnen weich sind. Birnen auf einem Sieb abtropfen lassen.
	Den Wein weitere 5 Minuten einkochen, Gewürze entnehmen, Wein über die Birnen gießen und erkalten lassen.

Die Birnen können schon zwei Tage vor dem Verzehr eingelegt werden.
Servieren Sie Vanilleeis dazu.

Bratäpfel

	Eine Auflaufform dick mit Butter einfetten.
4 große Äpfel (z. B. Boskop)	schälen, Kernhaus ausstechen, etwas aushöhlen, in die Auflaufform setzen.
2 EL Johannesbeermarmelade	
1 EL Rosinen	
1 EL Walnüsse (grob gehackt)	
1 EL Haselnüsse (gerieben)	verrühren. Die Äpfel mit der Mischung füllen,
100 ml Apfelsaft	
1 EL Calvados	
1 TL Honig	verrühren und über die Äpfel gießen.
	Im Backofen 30 Minuten bei 200 °C zugedeckt backen und anschließend heiß servieren.

Rathaus in Neibsheim

Zimt-Zwetschgen-Dessert

500 g frische Zwetschgen	entsteinen, vierteln.
100 ml Rotwein	
1 Zimtstange	aufkochen, Zwetschgen darin weich kochen, Zimtstange entnehmen, Früchte mit dem Saft pürieren, wieder in den Topf zurückgeben.
50 g Zucker	
2 Eier	schaumig rühren,
Saft ½ Zitrone	zugeben, alles mit dem Zwetschgenmus vermischen und unter ständigem Rühren aufkochen, in eine Schüssel gießen.
1 EL Zwetschgenwasser	unterrühren.
2 Blatt Gelatine (weiß)	
1 Blatt Gelatine (rot)	5 Minuten in kaltem Wasser einweichen, Wasser abgießen, Gelatine leicht ausdrücken, unter Rühren erwärmen, bis sie vollständig flüssig ist und unter das Zwetschgenpüree mischen. Creme auskühlen lassen, bis sie andickt.
250 ml Sahne	
1 Pck. Sahnesteif	steif schlagen,
½ TL Zimt	
1 Vanillezucker	vorsichtig mit der Sahne vermischen.
	Zwei Drittel der Sahne unter die Zwetschgencreme mischen. Drei Stunden kühl stellen. Vor dem Servieren den Rest der Sahne zum Garnieren verwenden.

Lehmbackofen um 1500

Rote Grütze

350 g rote Johannisbeeren	
150 g schwarze Johannisbeeren	
150 g Sauerkirschen	
750 ml Wasser	aufkochen, 12 Minuten ziehen lassen, durchpassieren, um die Kerne zu entfernen.
200 g Himbeeren	zugeben und kurz aufkochen.
180 g Zucker	
1 Pck. Vanillezucker	
5 EL Stärkemehl	
5 EL Wasser	glatt rühren, in die kochenden Früchte einrühren, kurz aufkochen. Nun erkalten lassen und mit Vanilleeis und Sahne servieren.

Schloss Gondelsheim mit Nymphenbrunnen

Apfeltraum (für 8 Personen)

Baumschnitt der Fachwarte in Heidelsheim

	Eine Auflaufform mit
150 g Löffelbiskuits	auslegen, mit
4 EL Calvados	
6 EL Apfelsaft	beträufeln.
350 ml Apfelmus	
1 Apfel (gerieben)	darauf verteilen,
250 g Quark (20% Fett i.Tr.)	
250 g Mascarpone	
⅛ l Milch	
1 EL Zucker	schaumig rühren und über das Apfelmus streichen, kühl stellen und mindestens drei Stunden durchziehen lassen. Vor dem Servieren mit
Kakao	bestäuben.

Streuobstinitiative »Äpfele & Birnle«

Man nehme eine Wiese, mähe sie zweimal im Jahr, pflanze Apfel-, Birnen-, Kirsch- und Pflaumenbäume bewährter Hochstammsorten, einzeln oder in Reih' und Glied – und fertig ist die Streuobstwiese.
Nach diesem Rezept entstanden seit dem Mittelalter in Süddeutschland in der Umgebung der Dörfer großflächige Streuobstbestände. Sehr früh erkannte man den Wert des Obstes zur Versorgung der Bevölkerung mit Vitaminen und Mineralstoffen, frisch und als Vorrat im Winter. Der große Vorteil des Obstes lag in der guten Lagerfähigkeit und der Bereicherung des Nahrungsangebotes in der langen Winterzeit. Besonders wichtig war auch die Möglichkeit der Saftherstellung, dem Most, welcher aus dem Obst gewonnen wurde und vergoren ein schmackhaftes Getränk darstellte.
Die geistlichen und weltlichen Herrscher sorgten per Dekrete für die Pflanzung und Pflege der Obstbäume und stellten das Fällen solcher Bäume (Baumfrevel) unter harte Strafen. Am wohl bekanntesten ist die unter Karl dem Großen verfasste »Krongüterverordnung«, die genaue Anweisungen

Kelter

enthielt, was auf den Höfen und Gärten zu pflanzen sei, wie zum Beispiel die namentlich genannten, verschiedenen Obstsorten. Ein besonderes Verdienst um die Ausbreitung und Veredelung der Obstsorten kommt den kirchlichen Orden und Klöstern zu. Die guten Beziehungen zwischen den Klöstern, auch über Landesgrenzen hinweg, ermöglichten einen Austausch von Kenntnissen und Erfahrungen im Obst-, Acker- und Weinbau.
Bedingt durch den guten Boden und das milde Klima hatte sich der Obstbau in Baden und Württemberg überdurchschnittlich entwickelt. Mit der Verbesserung der wirtschaftlichen Situation, durch die billigen Importe und der für notwendig erachteten Flurbereinigungen gingen im letzten Jahrhundert die Obstbaumbestände drastisch zurück. So ist es heute sogar notwendig die noch vorhandenen Obstwiesen zu schützen. Ein wichtiger Grund für die Erhaltung sind vor allem landschaftliche und ökologische Aspekte. Da keine mineralischen Düngemittel aufgebracht werden dürfen, zählen die Streuobstwiesen mit bis zu 5000 Tier- und Pflanzenarten zu den artenreichsten Lebensräumen überhaupt. Um Anreize für den Erhalt heimischer Streuobstwiesen zu schaffen, wurde 1996 der Verein »Streuobstinitiative im Stadt- und Landkreis Karlsruhe e.V.« gegründet – ein Schulterschluss zwischen Privatpersonen, Vereinen, Gemeinden und Behörden. Die Vertragsnehmer verkaufen das Mostobst zum doppelten Betrag des marktüblichen Preises an die Initiative. Bedingung: Das Obst stammt aus Streuobstwiesen der Region, naturgemäße Bewirtschaftung, das heißt Verwendung von ökologischen Pflanzenschutzmitteln, Verzicht auf stickstoffhaltigen Mineraldünger und Zulassung zur Kontrolle durch die Initiative. So lohnt es sich wieder, sich nach dem Obst zu bücken – in jeder Hinsicht!
Der Verein vermarktet unter dem Markennamen »Äpfele & Birnle« hochwertige naturtrübe und klare Apfel- und Birnensäfte. Mit dem Kauf von Saft beteiligt sich der Verbraucher am Aufpreis. Gewinne aus dem Saftverkauf werden in den Naturschutz investiert.

Quelle: Hans-Martin Flinspach, Kreisökologe beim Landkreis Karlsruhe

Blick auf Derdingen

Mächtiger Kirschbaum

Tiramisu (für 6 Personen)

5 EL Mandellikör	
125 ml Espressokaffee	verrühren. Eine Form mit der Hälfte von
400 g Löffelbiskuits	auslegen und mit der Hälfte der Espressomischung tränken.
5 Eigelb	mit
100 g Puderzucker	und
Mark 1 Vanilleschote	schaumig rühren,
200 g Mascarpone	unterheben.
5 EL Rum	erwärmen, darin
3 Blatt Gelatine	auflösen, gut ausdrücken und löffelweise unter die Mascarponecreme mischen.
3 Eiweiß	
1 EL Puderzucker	zu Schnee schlagen,
125 ml Sahne	steif schlagen und mit dem Eischnee unter die Creme heben. Die Hälfte der Creme auf die Löffelbiskuits verteilen und glatt streichen.
	Restliche Löffelbiskuits auflegen und mit dem Rest der Espressomischung tränken. Die übrige Creme aufstreichen und etwa 5 Stunden kalt stellen. Vor dem Servieren mit
Kakao	bestäuben.

Rapsfelder in Neibsheim

Bächle in Östringen

Mousse au chocolat

2 Eigelb	
2 EL Zucker	
1 EL Wasser (heiß)	schaumig rühren.
120 g Zartbitter Schokolade	
20 g Vollmilch Schokolade	im Wasserbad schmelzen und unter den Eischaum rühren.
2 Eiweiß	zu Schnee schlagen,
200 ml süße Sahne	steif schlagen und mit dem Eiweiß vorsichtig unter die Creme heben. Im Kühlschrank mindestens drei Stunden fest werden lassen.
1 Stück weiße Schokolade	raspeln und vor dem Servieren überstreuen.

Verwenden Sie nur hochwertige Schokolade, umso feiner ist der Geschmack. Bereiten Sie das Dessert einen Tag vor dem Servieren zu und reichen Sie heiße Himbeeren oder Rote Grütze dazu.

Schlittenfahren in der Scheuerwiese Ruit

Pfeiferturm in Bretten

Begriffserläuterungen

Abbacken/Ausbacken	Etwas in heißem Fett schwimmend backen (I.d.R. bei 180 °C).
Ablöschen	Das Angießen von scharf angebratenem oder geschmortem Fleisch oder Gemüse.
Abschäumen	Mit der Schaumkelle zum Beispiel geronnenes Eiweiß vom Sud abschöpfen.
al dente	Bissfest gegartes Lebensmittel
Andünsten/Anschwitzen	Ein Lebensmittel in heißem Fett leicht rösten, ohne es zu braten. Das Lebensmittel soll nur glasig werden, zum Beispiel Zwiebeln.
Angießen	Das Zugeben von Flüssigkeit.
Ausbraten	Den Speck so lange braten, bis das Fett herausgebraten ist.
Blanchieren	In einem Topf mit kochendem Wasser geben und kurz köcheln lassen.
Fond	Grundlage von Suppen und Soßen, mit arteigenem Geschmack.
Gratinieren	Überbacken einer Speise
Kalbsbrät	Ist der Rohteig für Bratwürste. Man erhält ihn nach Vorbestellung beim Metzger.
Legieren	Ist das Binden und Verfeinern von Gerichten mit Eigelb. Das Ei oder Eigelb wird mit warmer Flüssigkeit vermischt und unter ständigem Rühren in die nicht mehr kochende Speise gegeben.
Marinieren	Ist das Einlegen von Lebensmitteln in eine gewürzte Flüssigkeit, um der Speise einen besonderen Geschmack und bessere Haltbarkeit zu verleihen (zum Beispiel Grillmarinaden für Fleisch, um es zarter werden zu lassen und es gut durchzuwürzen). Wie lange etwas eingelegt wird, ist dem jeweiligen Rezept zu entnehmen.
Passieren	Flüssigkeiten durch ein Sieb oder Tuch geben.
Pürieren	Ein gares Lebensmittel wird stark zerkleinert. Früher war hierfür in vielen Haushalten die »Flotte Lotte« ein beliebtes Haushaltsgerät, zum Beispiel um Apfelmus herzustellen.
Reduzieren	Flüssigkeit fast vollständig verkochen lassen (einkochen).
Salzwasser	Wasser mit 1 Teelöffel Salz aufkochen lassen.
Stocken lassen	Das Garen von Eiern oder Eimasse, bei mäßiger Hitze im Topf oder Wasserbad, ohne dabei das Gargut umzurühren.
Wasserbad	Ist eine Methode, um Speisen indirekt mit Hitze zu versorgen. Dabei wird der Topf mit den Speisen in einen anderen Topf mit heißem Wasser auf den Herd gestellt.
Zerlassen	Butter oder Margarine in einer Pfanne oder einem Topf bei mäßiger Hitze schmelzen, aber nicht braun werden lassen.

Maße und Gewichte

1 gestr. EL Fett	15 g
1 gestr. EL Mehl	10 g
1 geh. EL Mehl	15 g
1 kleine Zwiebel	30 g
1 mittlere Zwiebel	50 g
1 große Zwiebel	70 g
1 kleine Kartoffel	70 g
1 mittlere Kartoffel	120 g
1 große Kartoffel	180 g
½ kg	500 g
1 kg	1000 g

1 Liter	1000 ml / 1000 ccm
¾ Liter	750 ml / 750 ccm
½ Liter	500 ml / 500 ccm
⅜ Liter	375 ml / 375 ccm
¼ Liter	250 ml / 250 ccm
⅛ Liter	125 ml / 125 ccm
1 TL	5 ml
1 EL	15 ml
1 Schnapsglas	20 ml / 2 cl
1 Tasse	150 ml

Abkürzungen

Msp.	Messerspitze
EL	Esslöffel
geh. EL	gehäufter Esslöffel
gestr. EL	gestrichener Esslöffel
TL	Teelöffel
geh. TL	gehäufter Teelöffel
gestr. TL	gestrichener Teelöffel
g	Gramm
kg	Kilogramm
ml	Milliliter
cl	Zentiliter
l	Liter
ccm	Kubikzentimeter
TK	Tiefkühlkost
°C	Grad Celsius
Pck.	Päckchen

Rezeptregister, alphabetisch

A

B

C

D

E

F

G

H

K

P

Q

R

S

T

V

W

Z

BLANCO
Spülen und mehr.
BLANCO ist einer der weltweit führenden Anbieter von innovativen, designorientierten Systemlösungen.
BLANCOAXIS 6 S Edition
BLANCOLINUS-S

Beim Kochen mit Induktion bleibt die Küche kalt
E.G.O.
Unsere Induktionstechnologie wärmt nur die Speisen, der Rest bleibt kühl.
Wir produzieren auch Heiz- und Steuerelemente zum Kochen, Backen, Waschen, Trocknen und Geschirrspülen.
E.G.O. Elektro-Gerätebau GmbH 75038 Oberderdingen www.egoproducts.com
E.G.O.

Gisela Kehl
978-3-86037-335-4
224 Seiten, gebunden, 17,5 x 24,5 cm,
durchgehend farbig, Preis 19,90 €

Jutta Neuber
978-3-86037-342-2
224 Seiten, gebunden, 17,5 x 24,5 cm
durchgehend farbig, Preis 19,90 €

Torsten Kleinschmidt
978-3-86037-377-4
200 Seiten, gebunden, 17,5 x 24,5 cm,
durchgehend farbig, Preis 19,90 €

Thomas Köpke
978-3-86037-326-2
224 Seiten, gebunden, 17,5 x 24,5 cm
durchgehend farbig, Preis 19,90 €

Michael Fartak
978-3-86037-344-6
192 Seiten, gebunden, 17,5 x 24,5 cm
durchgehend farbig, Preis 19,90 €

Jens Kohl, Karin Pradler,
Klaus Röhrig, Marion Stolze
978-3-86037-364-4
192 Seiten, gebunden, 17,5 x 24,5 cm
durchgehend farbig, Preis 19,90 €

Edition Limosa | Agrimedia GmbH | Lüchower Straße 13a | 29459 Clenze
Telefon (0 58 44) 97 11 63-0 | Telefax (0 58 44) 97 11 63-9 | mail@limosa.de | www.limosa.de